# 统计学应用实践基础研究

田　勇　曹文芳　李书为　　著

中国原子能出版社

**图书在版编目（CIP）数据**

统计学应用实践基础研究／田勇，曹文芳，李书为

著. --北京：中国原子能出版社，2023.6

ISBN 978-7-5221-2785-9


I. ①统... Ⅱ. ①田... ②曹... ③李... Ⅲ. ①统计学

- 研究 Ⅳ. ①C8


中国国家版本馆 CIP 数据核字（2023）第 117972 号

统计学应用实践基础研究

**出版发行**　中国原子能出版社（北京市海淀区阜成路 43 号　100048）

**责任编辑**　王　蕾

**责任印制**　赵　明

**印　　刷**　北京九州迅驰传媒文化有限公司

**经　　销**　全国新华书店

**开　　本**　787mm×1092mm　1/16

**印　　张**　11.75

**字　　数**　199 千字

**版　　次**　2024 年 1 月第 1 版　　2024 年 1 月第 1 次印刷

**书　　号**　ISBN 978-7-5221-2785-9　　定　价　68.00 元

# 前　言

　　统计是人们认识、研究社会和自然现象的有效方法与工具，其在实践中迅速发展并形成一门方法论科学，在社会经济和科学研究等领域中得到了广泛的应用，也越来越受到各界的认可与重视。随着社会经济和科学技术的进步，统计学在应用中不断拓展内容、方法和领域，并与其他学科的结合日益紧密，逐步渗透到理、工、农、医等自然科学领域和经济、管理等人文社会科学领域，一方面有效地支撑了相关学科的发展，另一方面扩大了统计学及其方法的适用范围、提升了统计学的实用性和价值。

　　在经济全球化和信息化的环境下，无论是进行宏观的国民经济管理，还是进行微观的企业经营决策，都需要准确地把握有关经济运行的各类数量信息。统计学是定量分析非确定性问题的规律，帮助管理决策者进行科学决策、规避风险、获取最优经济和社会效益的科学方法已成为现代科学管理中必不可少的强劲工具。统计的实质是数字的艺术，无论是在工作中还是在生活中，人们都不可避免地需要与数字打交道。数字可以帮助人们更好地认识事物的状态、现象的本质，甚至进行预测。若掌握基本的统计技能、具备一定的统计思维，对其今后走上职场是非常有好处的。本书以通俗的语言叙述了统计学的基本原理和主要统计分析方法。并将其在医院、事业单位、建筑、金融、社会等方面的应用实践作出详细的阐述与分析，本书可作为从事统计和管理工作的在职人员的参考用书。

在编写本书的过程中，笔者查阅和借鉴了大量的相关资料，在此向其作者表示诚挚的感谢。此外，本书在编写的过程中，也得到了相关专家和同行的支持与帮助，在此一并致谢。由于作者水平有限，加之时间仓促，书中难免出现纰漏，敬请广大读者批评指正。

# 目 录

# 第一章　统计与统计学

## 第一节　统计概述

### 一、统计的含义

统计作为一种社会实践活动，它的产生和发展已有四五千年的历史。统计一词的含义包括：统计实践活动（即统计工作）、统计资料、统计学三个方面。

随着生产力的发展和社会分工的扩大，统计成为某些人专门从事的一项工作，既是对社会经济现象的一种调查研究活动，也是对社会经济现象的一种认识活动。作为一个完整的统计工作过程，需要先确定统计研究的目的和要求，根据这个目的和要求进行统计设计，然后经过统计调查、统计整理、统计分析几个环节来完成统计工作的全过程。

统计资料是统计实践活动过程中所取得的各项数字资料的总称，它是统计工作的成果，是集中、全面、综合、系统地反映国民经济和社会发展状况和过程的数字资料。

统计学是研究数据收集、整理和分析的方法论科学，其目的是探索数据内在的数量规律，以达到对客观事物的科学认识。统计学的产生和发展已有三百多年的历史。

统计的上述三层含义之间的关系是：统计资料是统计工作的成果；统计科学来源于统计实践活动，反过来又指导统计实践活动，二者是理论与实践的关系。

### 二、统计的任务

统计的基本任务是对国民经济和社会发展情况进行统计调查、统计分析，提供统计资料和统计咨询意见，实施统计监督。具体来说，包括以下四个方面。

第一，准确、及时、全面、系统地反映经济和社会的发展情况，为党和国家制定方针、政策、计划以及指导经济活动和社会活动提供依据。

第二，对政策和计划的执行情况进行统计检查和监督。

第三，为各地区、各部门、各单位提供它们所需要的各种统计资料。

第四，为科学研究和宣传教育工作提供所需资料。

## 三、统计的基本职能

统计的职能是统计在认识社会、管理社会中所具有的功能。统计部门是获取国民经济和社会发展各种信息的主体单位，是国家重要的咨询和监督机构。在建设和发展社会主义市场经济中，统计部门要充分发挥统计所具有的信息、咨询、监督三大服务职能，这是统计认识作用、管理作用在社会主义现代化建设中的具体体现。

### （一）统计的信息职能

统计信息是各种社会经济信息来源的重要组成部分。统计资料并不等于统计信息，通过统计工作取得的数据资料都可称为统计资料，而统计信息则是指在统计资料中经反复筛选提炼出来的具有价值的，信息接收者尚未掌握的数字情报资料。统计的信息职能涉及以下三个方面：

第一，统计信息为国家政府执行宏观管理、进行宏观决策服务。正在发展中的社会主义市场经济，既有资金配置、促使人们按价值规律办事的积极作用，也有自发、盲目、滞后的消极作用。企业和广大人民群众希望政府用经济杠杆、法律手段和符合经济规律的必要行政手段干预市场，实行宏观控制。这就迫切需要统计部门提供数量更多、价值更高的统计信息，帮助各级政府准确地把握市场运行规律，科学地剖析宏观经济中各种错综复杂的关系，引导市场健康发展。

第二，企业转换经营机制，希望统计提供更多更有用的统计信息。随着经营机制的转换和市场体系的发育，企业生产经营活动主要取决于市场的需求。谁能及时准确地掌握市场需求信息，了解市场走向和变化趋势，并科学组织生产经营活动，谁就能在市场竞争中立于不败之地。然而，市场是变化万千的，单靠企业自身的力量难以掌握和驾驭。统计部门则能利用自身优势，展开统计调查，广泛收集商品市场、资金市场、人才市场、技术市场、信息市场的有用信息，为企业经营决策提供优质的统计信息。

第三，统计信息职能还表现为统计部门在保守国家机密的前提下，利用多种形式、多种渠道，将统计信息公布于众，使之成为全民共享的财富。定期的经济形势新闻发布会，定期发表的统计公报，公开出版的统计年鉴及具有统计性质的报刊都已成为教学、科研机构进行教学与科学研究以及人民群众了解国家经济形势的重要渠道。

## （二）统计的咨询职能

统计的咨询职能不同于一般的统计信息发布，它将统计的有偿服务和无偿服务相结合，将统计信息推向市场的重要渠道。统计信息以商品形式推向市场，不仅有利于建立统计工作的良性循环，而且能提高统计信息质量，使其在更大范围内经受考验，迎接信息市场中其他信息咨询部门的挑战。

统计咨询水平的高低是全面衡量统计工作水平的重要标志。统计咨询应致力于撰写出咨询委托人所急需的量化水平较高，时效性、针对性较强，对策建议比较符合实际的统计分析报告。

当前，各级统计部门参与高层领导研究经济的工作会议，定期向人民代表大会汇报经济形势，参与制定国民经济和社会发展规划已成为国家重要的咨询机构之一。今后，统计咨询要更多地发挥为企业经营决策服务的职能，扩展统计信息国际化的渠道，开展国际的统计咨询服务。

## （三）统计的监督职能

统计监督是更高层次上的一种社会服务，它服务于党的基本路线和社会主义建设的基本方针，起到保证国民经济和对社会发展的监督职能的作用。执行社会保障的监督手段有很多，如财政税收监督、银行监督、工商行政监督以及党的纪检部门、人民代表大会、工人联合会、司法机构的监督等。在这些监督手段中，统计监督具有特殊的意义。作为观察社会、经济、科技发展的"仪表"，统计用数字语言全面、准确、及时地反映社会主义市场经济建设的过程和改革开放的成果，灵敏地跟踪各项政策的执行情况，关注与广大人民群众切身利益相关的社会分配制度、住房制度、社会就业与社会保障制度的改革过程以及不同阶层群众反映的问题，促使各级党政机关重视问题并采取积极措施加以调控和纠正。

统计监督要以广大人民群众的利益为出发点，以先进的电子技术、宏观经济监测体系、预警指标体系为手段，以真实可靠的统计数据为依据，要敢于讲真话，统计分析要能切中时弊。因此，保持统计的独立性，并使其不受干扰是统计监督的必要保证。

统计的信息职能、咨询职能、监督职能统称为统计服务。

# 四、统计工作过程

任何一项统计实践活动都有完整的工作过程。例如，为了解全国工业产值、利润、收入等资料，如何向分布在全国各地的数十万个工业企业进行此项统计调查研究工作呢？这是一个很复杂的问题。通常情况下，首先，由国家统计局根据统计研究的目的，设计制定出统一的调查方案；其次，通过各级、各部门的统计机构对每一个工业企业进行调查；然后，对调查搜集到的原始资料进行整理汇总，并计算出工业产值、利润、收入等指标；再次，在数据计算整理的基础上进行数量分析，使人们对全国工业企业总体的生产规模水平、结构比例和发展变化的规律获得比较全面、深刻的认识。由此可以看出，一项完整的统计工作过程一般可归纳为以下四个阶段。

（一）统计设计阶段

统计设计阶段是指根据统计研究的目的，对整个统计工作的各个环节作出全面安排，如制定统计指标与指标体系，设计调查方案、综合整理方案及分析提纲等。

（二）统计调查阶段

统计调查阶段是根据统计设计阶段制定的调查方案，向调查总体中的每一个总体单位搜集所需要的原始资料的过程。

（三）统计整理阶段

统计整理阶段就是对统计调查阶段所搜集到的大量的原始资料进行审核，在审核无误的基础上，对其进行加工整理，汇总出说明总体数量特征的总量指标，编制出统计报表。

（四）统计分析阶段

在统计整理得出总量指标的基础上，计算各种指标，进行综合数量分析，从而认识社会经济现象的本质特征和发展变化的规律，并写出统计分析报告。

统计工作的四个阶段，虽然先后有序，内容不同，但它们之间是紧密联系的。统计设计是整个统计工作的准备阶段；统计调查是统计整理和统计分析的基础；统计整理是统计调查的继续和发展，也是统计分析的前提，在整个统计工作中起着承上启下的作用；而统计分析是得出最终成果的阶段。任何一个阶段工作的好坏，都会直接影响整个统计工作质量的好坏。

# 第二节 统计学的基础认知

统计产生于人们的生产活动，又服务于生产活动，是人们几千年生产劳动经验和智慧的结晶。统计最早是反映人们生产活动和国家基本情况的简单计数和数据的搜集整理工作，没有一定的完整性、系统性和规律性。随着生产力的发展和人们生产活动的丰富，人们开始对统计活动进行总结，逐渐形成了统计学这门学科。

## 一、统计学的发展

统计学的大发展开始于资本主义社会，主要表现为涌现出很多专业统计，如在工业、农业、商业、贸易、银行、保险、交通、邮电、海关等领域，都有其相对独立的统计工作和方法。随着统计实践活动的发展，人们开始对统计实践工作的经验进行归纳和总结，逐渐使其系统化，形成了统计科学。统计科学在其发展过程中形成了许多的统计学派，如政治算术学派、国势学派、数理统计学派和社会统计学派等。

（一）政治算术学派

政治算术学派用数量对比分析的方法研究社会经济现象的现状及其发展变化的规律，认为政治算术学是研究社会经济现象的一门实质性的社会科学，将社会经济现象作为研究对象。但政治算术学派始终没有用统计学这个词，所以人们认为政治算术学派是有统计学之实，而无统计学之名的统计学派。

（二）国势学派

国势学是用文字而不是用数字描述客观现象。虽然国势学派把社会经济现象作为自己的研究对象，认为国势学是具体阐述一个国家国情国力的社会科学，但他们既不研究社会经济现象的内在联系和发展规律，也不把数量对比分析的方法作为立论的基础，因此人们认为国势学派是徒有统计学之名，而无统计学之实的统计学派。

（三）数理统计学派

数理统计学派产生于 19 世纪中叶，创始人是比利时的生物学家、数学家和统计学家阿道夫·凯特勒（Adolph Quetelet）。他既是比利时国家统计工作的领导人，也是国际统计学术会议的倡导者和组织者。他关于社会学和统计学的著作较多，为统计学的发展作出了巨大贡献，对后世产生了重大影响。他对统计理论的最大贡献是将概率论引入了统计学，使统计学的研究对象、研究方法、学科性质发生了质的飞跃和根本性的变化。统计学从原来仅研究社会经济现象发展规律的实质性学科转变为既研究社会经济现象，又研究自然现象的通用方法论的边缘科学。

（四）社会统计学派

社会统计学派在某种意义上是政治算术学派的继承和发展。社会统计学派认为统计学的研究对象是社会现象，目的在于明确社会现象内部的联系和相互关系。统计方法应当包括社会调查中的资料搜集、资料整理及对统计资料的分析研究。这一学派认为，在社会统计中，全面调查（包括人口普查和工农业普查）居于重要地位，而以概率论为根据的抽样调查在一定范围内具有实际的意义和作用。社会统计学派坚持统计学是一门社会科学，而数理统计学则是一门应用数学。在社会实践活动中，数理统计在自然科学的研究中得到了广泛应用，并飞速发展，而社会统计学在社会实践中的应用则相形见绌。

## 二、统计学的研究对象、内容与分科

（一）统计学的研究对象

统计学理论的产生与发展是一个历史过程。就统计学的发展历史和意义而言，统计学可以分为广义统计学和狭义统计学两种。广义统计学以社会现象、自然现象、经济现象的数量关系为研究对象，以通用的统计理论和方法为主要研究内容。通用的统计理论和方法包括在长期统计实践中形成并得到广泛应用的大量调查、统计分组、比较分析等理论和方法，还包括以概率论和抽样技术为基础，在近代科学技术的不断发展推动下形成的数理统计理论和方法。因此，从学科性质上讲，广义统计学既不归属于社会科学，也不归属于自然科学，它是一门跨学科的独立的通用的方法论科学。狭义统计学根据研究对象可以有多种不同理解，包括数理统计学、社会经济统计学以及由数理统计学派生的应用统计学和由社会经济统计学派生的专业统计学或部门统计学等。尽管各种统计学研究领域、研究特点和论述的侧重点不同，但作为统计学的方法论特性却存在于各门统计学之中。

（二）统计学的基本内容

一般来说，统计学包括如下四部分内容。

第一部分，总论。总论主要是阐述统计活动及统计学理论的产生和发展，对统计学研究的对象、方法和统计学的基本概念做概括性介绍。

第二部分，统计调查和统计资料整理。统计调查和统计资料整理主要阐述统计数据的收集、分组、汇总、描述等数据处理的基本方法。

第三部分，统计分析。统计分析主要介绍总量指标、相对指标、平均指标、标志变异指标、动态指标和指数等传统的统计指标的计算方法及应用原则和分析、预测的方法。

第四部分，统计推断。统计推断主要介绍抽样及抽样调查的基本原理、基本方法、相关分析与回归分析的应用方法。

（三）统计学的分科

随着统计实践活动的丰富和发展，以及统计科学的进步，统计学在研究社会经济领域和自然领域时，由于研究对象都各有其特点，从而形成了一门多学科的科学。

1．描述统计学和推断统计学

描述统计学是研究如何取得反映客观现象的数据，通过图表或数学方法，对数据资料进行加工整理、分析，并对数据的分布状态、数字特征和随机变量之间的关系进行估计和描述，进而综合反映现象的规律性和数量特征的学科。

推断统计学则是以概率论为基础，用随机样本的数量特征来推断总体的数量特征，作出具有一定可靠性保证的估计或检验。

描述统计是基础，只有通过描述统计的方法收集、整理和显示真实可靠的统计数据，并提供有效、系统的样本信息，推断统计才能有序进行。从描述统计学到推断统计学是统计学发展的巨大成就。

2. 理论统计学和应用统计学

理论统计学和应用统计学是统计学的数学原理，主要研究统计学的一般理论和统计方法。

应用统计学是研究如何应用统计方法去解决实际问题，即把统计的一般理论和方法应用到自然科学领域和社会科学领域的科学，如国民经济统计学、管理统计学、金融统计学、心理统计学、医学统计学等。可见，统计方法几乎应用到所有的学科研究。

# 三、统计学中的基本概念

论述统计理论和方法要运用统计学的专门概念，这里阐述几个统计学中最基本，也是最常用的概念。

（一）统计总体与总体单位

1. 统计总体

统计总体是指客观存在并在同一性质基础上结合起来的许多个别事物的整体，简称总体。例如，某地区全部工业企业是由客观存在的许多工业企业组成的，每个工业企业因为具有工业生产经营活动这一共同的经济职能而结合为一个整体，即总体。总体具有大量性、同质性和差异性的特点。

（1）大量性

大量性是指构成总体的个别事物的数量要足够多，也就是说单个的或几个个别事物不可能构成总体。如全国的工业企业构成一个总体，即每一个工业企业就是个别事物，总体则由全国的工业企业所组成，数量很多。

（2）同质性

同质性是指构成总体的个别事物必须具有相同的性质。如全国的工业企业构成一个总体，每一个工业企业就是一个个别事物，它们之所以能构成一个总体，是因为这些工业企业都有一个共同的特点，即都是进行生产经营活动的。同质性是许多个别事物构成总体的前提条件。

（3）差异性

差异性是指构成总体的个别事物除了在某一方面具有相同的性质外，在其他方面具有各不相同的性质。如全国的工业企业构成总体，其同质性是指每个工业企业都进行工业生产经营活动，差异性是各工业企业在职工人数、工业总产值、工业增加值、销售额、利润等方面各不相同。

2．总体单位

总体单位是指构成总体的个别事物，如某市所有的商业企业构成一个总体，则每一个商业企业就是一个总体单位。总体单位的范围可大可小，可以是人，也可以是物。为了说明总体的某个特征，需要通过对每个总体单位进行调查以取得所需的资料，然后将各个总体单位的资料进行汇总，才能得出该总体的特征。

总体和总体单位之间并不是一成不变的，它们会随着统计研究目的的变换而相应地发生变化，即随着统计研究目的的变化，统计总体可变换成总体单位，总体单位也可变换成总体。

（二）标志与指标

1．标志

标志是表明总体单位特征的名称。例如，人有男、女之别，可以给这个特征取个名称叫"性别"；人又有 16 岁、17 岁、18 岁……之别，又可以给这个特征取个名称叫"年龄"。这里的"性别""年龄"就是标志，它们是总体单位的特征。

在统计学中，标志可以分为品质标志和数量标志。

品质标志是表明事物属性方面的特征，其具体表现不能用数值表示。例如性别、民族、工种、职称、职务等，这些品质标志的具体表现是男、女；回、汉；电工、钳工、铸工、水工、木工；会计师、教授；科长、处长等。

数量标志是表明事物数量方面的特征，其具体表现是以数值表示。例如，年龄、工资、产量、产值、身高等。如年龄为 18 岁、工资为 1 000 元等都是数量标志的具体表现。

从以上的论述可以看出，品质标志和数量标志的一个显著区别是看其是否能用数值表示。能用数值表示的就是数量标志，不能用数值表示的就是品质标志。

2．指标

指标是用来表明总体特征的名称和数值。可见，统计指标是客观存在的，是表明社会经济现象总体特征的名称和具体数值。它由指标名称和指标数值两个基本部分构成，基本作用是从总体上说明客观经济现象的具体数量特征。

一个完整的统计指标一般包括六个要素：指标名称、计算方法、计量单位、时间限制、空间范围、指标数值。

这六个要素的集合，构成了一个完整的统计指标。在运用统计指标反映社会经济现象总体数量特征时，需要正确把握各个要素的含义，否则就可能出现差错。

### （三）变异与变量

#### 1. 变异

客观现象千差万别，不存在两个完全相同的个体和集体。而统计中的标志是总体单位的特征，因而它们之间必然是互有差异的。标志这种经常变换自身状态的现象叫变异，变异是普遍存在的，是统计的前提条件，有变异才有统计。假若所有总体单位都完全相同，也就不需要统计了。

变异分为品质变异和数量变异两种情况。品质变异是指品质上的不同，如性别分男、女，民族分汉、回等，统计上把它们称为品质变异（差异）；数量变异是指数量上的不同，如年龄有 16 岁、17 岁、18 岁等，统计上把它们称为数量变异。

#### 2. 变量

变量是指可变的数量标志，其具体取值叫变量值。例如，工人人数、年龄、工资等都是变量。它们的取值如 500、600、700 等是人数这个变量的变量值；而 60、80、100 等则是工资这个变量的变量值。需要特别指出的是，"变量"是数量标志的名称，而变量值则是该数量标志的具体数值。

变量可以分为连续型变量和离散型变量。

连续型变量是指变量值是连续不断的，两个相邻的整数之间可用无数的小数连续起来。如年龄就是连续型变量，人们平时所说的 18 岁、20 岁等都是以年为整数的近似说法。实际上，一个人从出生起到死亡止，它的计算可以精确到几年几月几天几小时，甚至几分几秒。这样，可以精确到以年为整数的无限多位小数。可见，年龄这个变量的变量值是连续型的变量。同时，身高、体重、产值、利润、工资等都是连续型变量。

　　离散型变量也称为非连续型变量。离散型变量的变量值之间都是以整数位断开的，整数位之间不能进行分割。例如，5 个人、10 张桌子、12 头猪、10 个工厂等。这里的人数、桌子数、牲畜数、工厂数都称作离散型变量。

　　连续型变量和离散型变量的一个重要区别就是看其能否用小数表示，能用小数表示的就是连续型变量，不能用小数表示的就是离散型变量。

# 第二章 统计调查与整理

## 第一节 统计调查

### 一、统计调查概述

（一）统计调查的概念和意义

1. 统计调查的概念

统计调查是按照统计研究的任务和目的要求，运用科学的调查方法，有组织、有计划地向社会实际搜集统计资料的工作过程。

统计调查所搜集的资料有两种：①原始资料，即直接从调查单位搜集的尚待加工整理汇总的资料；②次级资料，即已经过加工整理的资料。统计调查搜集的资料主要是原始资料。

2. 统计调查的意义

①统计调查是统计工作中的基础环节。它担负着提供基础资料的任务，决定着整个统计工作的质量，决定着统计整理和统计分析的结果的正确性。如果调查工作搞得不好，搜集到的数据资料不准确或残缺不全，根据这些数据资料进行汇总和分析的结果，就不能如实地反映客观事物的真相，甚至可能得出相反的结论。

②统计调查是人们认识社会的基本方式。没有调查，就没有发言权。人的认识是由存在决定的，离开对实际情况的调查，人的认识就成了无源之水，绝不会得到正确的结论。因此，统计调查在整个统计工作中具有十分重要的地位。

（二）统计调查的基本要求

统计调查的基本要求包括准确性、及时性和完整性。准确性是指统计资料符合实际情况，数据真实可靠。及时性是指统计资料能够及时满足社会各方面对数据的需要和及时完成各项调查资料的上报任务。完整性是指统计资料必须包括应该调查的全部单位的资料。在统计调查中，准确性要求和及时性要求是相互结合、相互依存的。及时性只有在准确性的前提下才有意义，而准确性也不能损害及时性的要求。

（三）统计调查的种类

1．全面调查和非全面调查

按调查对象包括的范围不同，统计调查分为全面调查和非全面调查。全面调查是对调查对象中的所有单位逐一进行的调查。例如，人口普查、工业普查和全面统计报表等。全面调查能够掌握比较全面的、完整的统计资料，了解总体单位的全貌，但它花费的人力、物力和财力较多，操作比较困难。非全面调查是对调查对象中的一部分单位进行的调查。重点调查、抽样调查、典型调查等均属于非全面调查。非全面调查的调查单位少，可以用较少的时间和人力调查较多的内容，并能推算和说明总体的基本情况，收到事半功倍之效。例如，对职工家庭收支情况的调查，对有些破坏性产品的质量检查等，不可能进行全面调查，只能采用非全面调查。

2．经常性调查和一次性调查

按登记事物的连续性不同，统计调查分为经常性调查和一次性调查。经常性调查是根据调查总体情况的变化和发展，连续不断地进行登记的一种调查的方法，其主要目的是搜集现象在一定时期的数据资料。

3．统计报表和专门调查

按调查的组织形式不同，统计调查分为统计报表和专门调查。统计报表是按照一定的表式和要求，自上而下统一布置，提供统计资料的一种统计数据采集的方式。例如，工业统计报表、金融统计报表。专门调查是为了研究某些专门问题而专门组织的调查。例如普查、抽样调查、重点调查、典型调查等。

4．直接观察法、采访法、报告法、卫星遥感法

统计调查按搜集资料的方法分为直接观察法、采访法、报告法、卫星遥感法等。直接观察法就是调查人员亲自到现场对调查对象进行观察和计量以取得数据资料的一种调查方法。采访法就是调查人员面对面地对被调查者进

行采访，根据被调查者的答复取得资料的一种调查方法。报告法就是以各种原始资料为基础，由调查单位按照有关规定和所属关系，逐级向上提供统计资料的方法，如统计报表的报送。卫星遥感法是利用卫星的高度分辨辐射来取得资料的方法。如通过地面农作物的颜色来估计农产量。

统计调查的方式多种多样，实际组织调查时采用何种调查方法，须根据调查的任务目的及调查对象本身的特点来决定，同时还要根据事物的客观情况和工作条件的变化来选择。

## 二、统计调查方案及调查表的设计

### （一）调查任务和目的

确定调查任务和目的是制定统计调查方案的首要问题，它决定着调查对象、调查单位、填报单位和调查项目等问题。

### （二）调查对象、调查单位和填报单位

调查对象是根据调查目的确定的调查研究的总体或调查范围。调查单位是调查对象中的具体单位。填报单位则是负责上报调查资料的单位。如要了解我国工业企业职工情况，调查对象是全国工业企业的所有职工，调查单位是全国工业企业的每一名职工，填报单位是全国每一个工业企业。调查目的决定调查对象、调查单位和填报单位。实际工作中，还须注意区分调查单位和填报单位。调查单位是调查项目的承担者，它可以是个人、企事业单位，也可以是物。填报单位是负责上报调查资料的单位，一般在行政上、经济上具有一定独立性。两者有时一致，有时不一致。例如当调查国有工业企业生产情况的资料时，每一国有工业企业既是调查单位，也是填报单位；当调查国有工业企业中高精尖设备使用情况的资料时，国有工业企业中的每一台高精尖设备是调查单位，而填报单位则是每一国有工业企业。

### （三）调查项目、调查表和调查问卷

在确定了调查目的、调查对象、调查单位和填报单位之后，就需要确定调查的内容，即确定具体的调查项目、调查表及调查问卷等。

### （四）调查时间和调查期限

调查时间是指调查资料所属的时间。资料所属时间应明确规定所调查的是哪个时期或时点上的资料，调查期限是指调查工作从开始到结束的时间

长度。

（五）调查方法

确定调查方法是指选择什么样的调查组织方式和数据收集方式。

（六）调查的组织实施计划

调查工作的组织实施计划是指对调查所涉及的人、财、物的统筹安排，包括调查机构设置、人员的安排及组织培训、调查经费的预算开支、资料的印刷及汇总的物质准备等问题。安排好调查所涉及的人、财、物是做好调查的保障。值得注意的是，调查人员的素质往往直接影响到调查的质量。因此，在大型调查之前组织专门的普查人员培训工作是必不可少的环节。

# 三、统计调查的组织形式

## （一）统计报表

### 1．统计报表的概念和特点

（1）统计报表的概念

统计报表是我国搜集统计资料的一种重要的组织形式。它是按照国家或上级部门统一规定的表式、统一的指标、统一的报送程序和报送时间，自下而上逐级提供基本统计资料的一种调查方式。

（2）统计报表的特点

①报表资料的来源建立在基层单位的各种原始记录的基础上，基层单位也可利用其资料对生产、经营活动进行监督管理。

②由于统计报表是逐级上报和汇总的，各级领导部门能获得管辖范围内的报表资料，了解本地区、本部门的经济和社会发展情况。

③由于统计报表是属于经常性调查，调查项目相对稳定，有利于积累资料并进行动态对比分析。

### 2．统计报表的种类

第一，按报表内容和实施范围不同，分为国家统计报表、部门统计报表和地方统计报表。国家统计报表是国民经济基本统计报表，由国家统计部门统一制发，用以搜集全国性的经济和社会基本情况，包括：农业、工业、基建、物资、商业、外贸、劳动工资、财政等方面最基本的统计资料；部门统计报表是为了适应各部门业务管理需要而制定的专业技术报表。地方统计报表是针对地区特点而补充制定的地区性统计报表，是为本地区的计划管理服务的。

第二，按调查范围的不同分为全面统计报表和非全面统计报表。全面统计报表要求调查对象中的每个单位都填报；非全面统计报表只要求调查对象中的一部分单位填报，目前大多数统计报表都是全面报表。

第三，按报送周期长短的不同，可分为日报、旬报、月报、季报、半年报和年报等。周期短的，要求资料上报迅速，填报的项目比较少；周期长的，内容要求全面；年报具有年末总结的性质，内容要求更全面，以反映方针政策和计划的执行情况。

第四，按填报单位的不同分为基层报表和综合报表。基层报表是由基层企事业单位根据原始记录，汇总整理出的统计报表。综合报表是由主管部门或地方根据基层报表逐级汇总填报的报表。

第五，按报送方式的不同，可分为电讯报表和书面报表等多种形式，这与现代化手段的应用有直接的关系。

3. 统计报表制度

统计报表（statistical report forms）制度是由政府主管部门根据统计法规，采用行政手段以统计表格形式自上而下布置，而后由企事业单位层层汇总上报的一种以全面调查为主的调查方式。

统计报表制度是我国重要的国家管理制度之一。它的任务是经常地、定期地搜集反映国民经济和社会发展基本情况的资料，为各级政府和有关部门制定计划以及检查计划的执行情况服务，这种定期的、比较稳定的搜集资料的方法在我国几十年的政府统计工作中，已形成了一套比较完备的统计报表制度，已成为国家和地方政府部门统计数据的主要来源，我国目前有关国计民生的重要的统计资料很大部分还是依靠统计报表制度取得的，统计报表制度是由一个庞大的组织系统形成的。它不仅要求各基层单位有完善的原始记录、台账和内部报表等良好的基础，而且要有一支熟悉业务的专业队伍。因此，它需要耗费很大的人力、物力和财力。

4. 原始记录与统计台账

（1）原始记录

原始记录是基层单位通过一定表式，对生产经营活动过程和成果所做的第一手数字或文字记载，是未经过加工整理的初级资料。例如，工业企业的产品产量、质量记录；原材料、燃料、动力消耗记录；工人出勤和工时记录等。原始记录的质量直接影响着统计报表数字的准确性和及时性。基层单位进行经济核算所需的各种资料都来自原始记录。统计核算、会计核算和业务核算都是以原始记录为依据的，因此建立和健全原始记录制度对贯彻执行统计报表制度和加强经济核算工作都具有十分重要的意义。

（2）统计台账

统计台账就是根据填报统计报表和统计核算工作的需要，将分散的原始记录资料按时间顺序进行系统登记，以积累统计资料的表册。统计台账种类繁多，格式多样，应根据各个基层单位的具体情况和实际需要而定。其基本形式大体上可以分为多指标的综合台账和单指标的分组台账。多指标综合台账是在同一个表册上，按时间顺序，同时登记若干个有关指标数值的动态情况，例如，企业或车间为检查各项主要指标完成情况而设置的主要指标完成情况台账。单指标分组台账是在同一个表册上，按时间顺序，同时登记各个下属单位某一项指标数值的动态情况。

综上所述，原始记录、统计台账和统计报表三者之间有着密切的联系。就企业内部统计资料汇总的基本过程而论，原始记录是进行大量观察、取得最基本的数宅资料的最初环节，是统计报表资料的主要来源。通过中间环节即统计台账，将原始记录的数字资料分门别类逐日登记，进行系统整理和综合，是积累统计资料的手段。最后，将整理过的资料进行汇总和核算，按照一定的报表形式进行填报。总之，建立和健全基层单位的原始记录和统计台账，不仅对提高统计工作的质量具有重要意义，而且对加强基层单位的经济管理也十分重要。

## （二）普查

### 1. 普查的意义

普查是为了某一特定目的而专门组织的一次性的全面调查。它一般用来调查处于某一时点状态上的社会经济现象的数量，如人口普查、基本单位普查、工业普查、国有资产普查等。世界各国一般都定期进行各种普查，以便掌握有关国情、国力的基本统计数据。普查是适合于特定目的、特定对象的一种调查方式，其目的是掌握特定社会经济现象的基本全貌，为国家制定有关政策或措施提供依据。

2. 普查的特点

(1) 普查通常是一次性的或周期性的

由于普查涉及面广、调查单位多，需要耗费大量的人力、物力和财力，通常需要间隔较长的时间，一般情况下，每隔 10 年进行一次。如我国的人口普查从 1953 年到 2000 年共进行了五次。我国的普查逐步走向规范化、制度化。目前我国每逢末尾数字为"0"的年份进行人口普查；为"3"的年份进行第三产业普查；为"5"的年份进行工业普查；为"1"或"6"的年份进行基本单位普查。

(2) 普查有统一规定的标准时点

确定标准时点，以避免调查中出现重复登记或遗漏，保证普查结果的准确性。标准时间一般定为调查对象比较集中、相对变动较小的时间。

(3) 普查的规范化程度较高，有统一规定的项目和指标

普查项目一经统一确定，不能任意更改，以免影响汇总综合，降低资料质量。同一种普查，每次调查的项目和指标应力求一致，便于对比分析，从而掌握调查对象的发展变化趋势。

3. 普查的方式

普查基本上有两种方式：一种是成立专门的普查机构，派出普查人员，对调查单位进行调查，如人口普查就是这种方式。另一种是利用企事业单位的原始资料或报表资料进行填报，或根据这些资料结合实际盘点的情况进行填报，如企业的设备普查。

## （三）抽样调查

1. 抽样调查的意义

抽样调查是一种非全面调查，它是按照随机原则从总体中抽选一部分单位进行调查，并根据部分单位（样本）的指标数值对总体做出具有一定可靠程度的估计和推断的方法。如要检验某种产品的质量，就要从全部产品中随机抽取若干产品作为样本进行检验，看它们的合格率如何，再以此推断全部产品的合格率，从而推算合格产品的数量。

抽样调查的作用体现在以下几个方面：

第一，主要适用于不可能或不必要进行全面调查的场合。

第二，抽样调查与全面调查相结合，可以补充和修正全面调查的数据。

第三，抽样调查常用于生产过程中的产品质量控制。

第四，抽样调查利用小概率原理，可以对某些假设进行检验，以判断假设的真伪。

2．抽样调查的特点

第一，按照随机的原则抽选单位，完全排除个人主观意图的影响。

第二，抽样调查的目的是从数量上推算总体情况。

第三，抽样调查必然产生抽样误差，但此误差可以事先计算并可以控制在一定的范围内。

3．抽样调查与其他非全面调查的比较

抽样调查除了非全面调查所具有的经济性和时效性外，还有如下显著特点。

（1）适应面广

抽样调查可以适用于各个领域、各种问题的调查。从适用的范围来看，抽样调查既可用于全面调查能够调查的现象，也能调查全面调查所不能调查的现象，特别是适合于一些特殊现象的调查。如产品质量的检验、农产品试验、医药的临床试验等。在社会经济现象中，有很多现象是无法进行全面调查的，只能采用抽样调查方法。

（2）准确性高

抽样调查的数据质量有时比全面调查更高，因为全面调查的工作量大、环节多，登记性误差往往很大；而抽样调查由于工作量小，可使各环节的工作做得更细，误差往往很小。当然，用样本数据去推断总体时，不可避免地会有推断误差，但这种误差的大小是可以计算并能控制的，其理论基础和方法基础就是概率论数理统计。现在世界上许多国家广泛采用抽样调查方法。

（四）重点调查

1．重点调查的意义

重点调查是在调查对象范围内，选择部分重点调查单位进行的非全面调查。所谓重点单位是指标志总量在总体标志总量中占有绝大比重的单位，它们在总体中的单位数很少，但却具有举足轻重的作用。通过对这部分重点单位的调查，可以从数量上说明整个总体在该标志总量方面的基本情况或基本趋势。如选择首钢、鞍钢、上钢、武钢、太钢、包钢、邯钢等几个钢铁企业进行调查，就能及时地了解到全国钢铁企业生产的基本情况，因为这些企业的钢铁产量占全部钢铁企业总产量的绝大比重，可以满足调查任务需要的资料。因此，重点调查的关键是如何选择重点单位，其着眼点是这些单位的标志值在所研究现象的标志总量中占比重的大小。

2．重点调查的特点

（1）调查单位少

调查单位少即可以用较少的人力、物力和财力来调查较多的项目，从而了解的情况就比较详细，能够取得较好的效果。

（2）适用于调查对象的标志值比较集中于某些单位的场合

重点调查的主要目的在于了解研究对象的基本情况和基本趋势，而不要求全面准确地推算总体数字资料。因此，当调查任务只要求掌握总体的基本情况，而且总体中确实存在重点单位时，采用重点调查是比较适宜的。但必须指出，由于重点单位与一般单位的差别较大，通常不能由重点调查的结果直接推算整个调查总体的数量特征。

3．重点调查的方式

主要采取专门调查的组织形式，有时也可以结合定期统计报表，由被调查的重点单位填报，定期观察这些重点单位的主要技术经济指标的完成情况及其变动。

（五）典型调查

1．典型调查的意义

典型调查就是根据研究目的，在对调查对象充分认识了解的基础上，有意识地选取若干具有典型意义或有代表性的单位进行的非全面调查。

典型调查具有以下两个突出的作用：第一，研究处于萌芽状况的新生事物或某种倾向性的社会问题。通过对典型单位深入细致的调查，可以及时发现新情况、新问题，探索事物发展变化的趋势，形成科学的预见。第二，分析事物的不同类型，研究它们之间的差别和相互关系。例如要研究工业企业的经济效益问题，可以在同行业中选择一个或几个经济效益突出的单位进行深入细致的调查，从中找出经济效益好的原因和经验，便于推广。典型调查的目的是通过调查来区别先进事物与落后事物，分别总结它们的经验教训，提出对策以促进事物的转化与发展。

2．典型调查的特点

第一，调查单位少，能深入实际，深入群众，搜集详细的第一手数字资料。

第二，典型单位是有意识地选出的，具有一定的代表性。

第三，典型调查机动灵活，可节省人力和物力，提高调查的时效性。

3．典型单位的选取

典型调查的中心问题是如何正确选择典型单位，典型单位的选择直接关系到调查的质量和效果。选择典型单位必须依据科学的理论，尊重客观实际，倾听各方面的意见，使所选择的典型具有充分的代表性。根据不同的研究目的和要求，有以下三种选择典型的方法。

（1）选择中等水平的典型单位

这种方法适用于总体内各单位差别不太大的情况，通过对个别代表性单位的调查说明总体的一般性水平。

（2）"划类选典"的方法

当同一总体内各个单位的差别明显时，首先把总体划分为若干个类型组，使各类型组的内部差异较小；然后，从各类型组中分别选出一两个有代表性的单位进行调查，即为"划类选典"法。

（3）"抓两头"的方法

从社会经济组织管理和指导工作的需要出发，可以分别从先进单位和落后单位中选择典型，以便总结经验和教训，带动中间状态单位，推动整体的发展。

4．典型调查的方式

典型调查的方式有两种：第一种是"解剖麻雀"式的典型调查。即通过深入细致的调查研究，了解个别单位的生动具体情况，以便总结经验、改进工作。有时为了观察事物发展变化的过程和趋势，系统地总结经验，也可对选定的典型单位连续地进行长时间的跟踪调查。如对新生事物或处于萌芽状态的事物的研究，就适宜采用这种定点的跟踪调查。第二种是"划类选典"的方法。这种调查既可用于分析总体内部各类型特征以及它们的差异和联系，也可综合各种类型对总体情况做出大致的估计。值得注意的是，这种估计总体的准确性较差。因为它带有主观意识的影响，且调查的单位数量不多。

上述各种统计调查方式都有不同特点和作用，但同时也各有局限性和不足之处。在实际工作中，应根据不同的调查对象和研究任务，灵活运用，尽可能结合使用各种统计调查方式，使其发挥各自的长处，互相补充验证，这样才能搜集到准确、丰富的统计资料。

# 四、统计调查误差

## （一）统计调查误差的概念与种类

### 1. 统计调查误差的概念

将统计调查取得的统计数字与调查总体实际数量之间的差别称为统计调查误差。它一般有两种表现形式，即统计误差的绝对数和相对数。

### 2. 统计调查误差的种类

统计调查误差的产生可以归结为两种，一种是登记性误差，另一种是代表性误差。

登记性误差是由于调查过程中各有关环节的工作失误造成的，从理论上讲是可以消除的。

代表性误差是由于非全面调查只调查总体的一部分单位，这部分单位不能完全反映总体的特征而产生的误差。代表性误差又分为系统性误差和抽样误差两种。系统性误差又称偏差，是由于从总体中抽取调查单位时违反随机原则而造成的误差，抽样误差即偶然性的代表性误差，指在抽样调查中，即使严格按照随机原则抽取调查单位，也不可避免地产生误差，这是由于抽中的不同随机样本造成的。这类误差通常是无法消除的，但可以事先进行控制。

## （二）防止与减少调查误差的办法

### 1. 调查前的误差控制

首先要设计科学的调查方案。调查方案中包含的各项内容，必须详细地加以规定和说明，以便使调查人员和填报人员对方案中的各项内容有一致的理解；其次要搞好调查人员的培训，提高调查人员的业务素质。这是从组织上保证统计调查工作质量的重要基础措施，特别是一次性的全面调查。如人口普查需要组织庞大的临时调查人员队伍，必须对其进行针对性的培训，并进行必要的业务考核，达到标准才可上岗工作；另外还要搞好试点工作，特别是对一次性的全面调查，在正式开展工作之前，应先试点调查，及时发现调查方案及调查中可能出现的问题，并对调查方案进行适当的修订和补充，以保证正式调查时统计数据的质量。

2．调查中的误差控制

首先要搞好宣传工作。宣传的内容包括统计调查工作的意义，为被调查人保密的制度和措施等。通过宣传，充分发动群众，取得被调查人对调查工作的积极配合；其次在调查过程中要做到一边登记一边检查。这种检查的措施包括自查、互查、分级检查等。依靠这些措施，力争做到就地发现错误能就地改正。

3．调查后的误差控制

统计调查结束后，应在汇总前对调查资料进行准确性、及时性、完整性检查。发现问题要及时予以订正。

# 第二节　统计数据的整理

## 一、统计数据整理的含义

统计数据整理是根据统计研究的目的，对统计调查所获得的大量原始资料，进行科学分类和汇总，使之条理化、系统化，得出能够反映现象总体特征的综合资料的工作过程。广义地讲统计整理也包括对已加工过的资料进行再加工，但主要是对大量原始资料的加工整理。

## 二、统计数据整理的意义和原则

### （一）统计数据整理的意义

通过统计调查，人们取得了大量的反映社会经济现象个体特征的具体资料，但这些资料是分散的和零碎的，不能反映现象总体的特征，也不能达到认识现象总体规律的目的。如通过人口普查我们得到了每个人的性别、年龄、文化程度、民族、职业等资料，这些资料只反映了每个个体的情况，不能反映一个国家或地区的人口总体的基本情况。只有通过统计整理工作，把这些零碎的个体资料加工成人口总体的性别构成、年龄构成、文化程度构成、民族构成、职业构成等资料，才能说明人口总体的基本特征。

统计整理工作是统计工作过程的第三个阶段，是统计工作过程的中间环节，是统计调查的继续，统计分析的前提，起着承前启后的作用。统计整理工作做得不好，统计调查工作就会前功尽弃，而统计资料整理的质量，决定着统计分析结果的正确性和科学性。因此，统计整理工作在整个统计工作中具有重要的地位。

（二）统计数据整理的原则

为了保证统计数据整理的质量，在资料整理时应遵循目的性、联系性和简明性原则。

目的性原则。一定要根据统计研究的目的进行科学的分类、汇总、计算，才能得出所需要的大量数据资料。

联系性原则。应从整体出发，考虑事物的联系性，研究与整体有关的各方面数据资料。

简明性原则。应在深入分析现象的基础上，抓住最基本、最简明、最能说明事物本质特征的统计分组和统计指标，对统计资料进行整理。

# 三、统计数据整理的步骤

（一）统计数据整理方案的设计

正确制定统计数据整理方案是保证有计划、有组织地进行统计数据整理工作的第一步，是统计设计在统计整理阶段的具体化。应该根据统计研究目的，将所有调查项目的内容进行归类整理，以反映事物的本质特征。规定各种分组和各项分组标准，编制整理表和汇总表。

（二）统计数据的审核

1. 逻辑性检查

它是用来检查资料的内容是否合理、有关项目之间是否存在矛盾的方法。这就要求审查人员要有高度的责任感，并要熟悉内容情况，有熟练的业务能力。

2. 技术性检查

它主要包括：检查填报单位有无遗漏或重复；调查表有关的调查项目是否填写齐全，所填内容、表格等是否符合规定，有无错行错栏等情况；计量单位是否正确；合计、乘积等数据计算是否正确等。

另外，对于历史资料（通常指次级资料）也需鉴别与审查，审查资料的真实可靠程度。可从四方面入手：①辨别清楚是什么单位，出于什么目的而收集、整理资料，从而判明这些历史资料是否可用；②对调查整理的方法进行审查，辨别历史资料的真伪和质量的优劣；③从历史资料本身的性质来评定资料的质量，如正式发表的统计资料（如统计公报）要比新闻报道的资料可靠；④可从历史资料有关指标间的关系和动态发展的特点中检查历史资料的质量。此外，对指标的口径、范围、时间界限和计算方法等都须加以审查。

（三）对调查数据进行编码及录入

按照统计设计要求，借助计算机对调查数据进行编码，将调查表和调查问卷中所有项目的信息，转化为计算机能识别的符号并进行录入，以便计算机有效识别和处理。

（四）统计分组和汇总

科学的分组是统计整理的关键、前提和基础。统计分组是将统计调查来的大量原始资料，按照一定的标志区分为不同的类型或不同的组。统计汇总是对分组后的资料进行汇总和必要的计算，汇总出各组的合计数和总体合计数，通过汇总将个体特征的资料过渡为反映总体特征的资料。

（五）统计图表的编制

统计图表的编制是表现统计资料的主要形式。是将统计整理的结果，用图表的形式简明、形象地表示的方法。

（六）统计资料的积累与开发

对整理好的统计资料，妥善保存积累，并进行深入研究，充分开发和利用统计资料。

# 第三节　统计分组

## 一、统计分组的概念

统计分组是根据统计研究的任务和目的，将总体按照一定的标志划分为若干性质不同的组成部分的一种统计方法。其目的在于揭示现象之间存在的差别，要保持同一组内统计资料的同质性和各组之间统计资料的差异性。统计分组是一个相对的概念，对总体而言是"分"，即将总体区分为各个性质不同的若干组成部分；而对总体单位（个体）而言是"合"，即将性质相同的总体单位合为一组。如对人口总体按性别分组，对总体而言是将人口总体区分为男女两个性质不同的组成部分；而对每个人而言是将性别相同的人合为一组。

## 二、统计分组的作用

统计分组是统计研究特有的分析方法，是在统计总体内进行的一种定性分类，在统计整理和统计分析中起着重要作用。具体表现在以下四个方面。

### （一）发现现象的特点与规律

通过统计调查取得的资料，常常是分散、零碎和杂乱无章的，只有将其进行适当的分组，才能发现事物的特点与规律。

### （二）划分现象的类型

社会经济现象有多种多样的类型，不同类型的现象有着本质的差别，通过统计分组可以把不同类型的现象区分开。如将企业按经济类型分组，可以反映不同经济类型的企业在国民经济中的地位和作用，对于认识总体的本质特征具有重要的意义。

### （三）揭示现象的内部结构

通过统计分组可以计算各组数值在总体中所占的比重或各组之间的比例关系，从而反映现象的内部结构情况。

### （四）分析现象之间的依存关系

现象是一个复杂的总体，一切现象相互联系、相互依存、相互制约，通过统计分组可以揭示现象间的依存关系。

以上统计分组的作用并不是彼此孤立的，在统计实践中往往相互补充结合运用。从统计分组的作用可以看出，统计分组法不仅是统计整理的基础，也是统计分析的方法。

## 三、统计分组的方法

### （一）分组标志的选择

统计分组的关键问题是正确选择分组标志和划定各组间的界限。分组标志是指用来作为分组的标准和依据，如人口按年龄分组，年龄就是分组标志；企业按利润额分组，则利润额就是分组标志。

任何一个统计总体都可以采用许多标志进行分组。分组时所采用的标志不同，得出的结果也就不同。分组标志的选择是否恰当，不仅关系到能否正确地反映总体的数量特征及其变化规律，还决定着能否实现统计研究目的。在选择分组标志时应注意以下基本原则。

1. 根据研究目的选择分组标志

统计总体的各个单位都有许多标志，分组标志的选择必须紧密结合统计研究目的进行。由于研究目的不同，选择的分组标志也不同。如研究某省人口的民族构成情况时，就应按"民族"这个分组标志进行分组。而研究某省不同经济类型的工业企业在经济发展中所起的作用时，应按企业的"经济类型"标志进行分组。只有按照研究目的选择分组标志进行分组，才能完成统计研究的任务。

2. 要选择能反映事物本质特征的标志作为分组标志

明确分组的目的，并不意味着分组标志地选择工作已经完成。因为，同一研究目的会有不同的分组标志可供选择。如工业企业按规模大小分组时，反映企业规模大小的标准有企业的职工人数、产品年生产能力、生产用固定资产原值等，用哪一个标准作为分组标志，应看哪个标志最能体现研究事物的本质特征。如果企业是以手工操作为主的劳动密集型企业（如手工刺绣企业），则"职工人数"最能体现其本质特征；如果企业是以机械操作为主的技术密集型企业（如家电行业），则"年生产能力"最能体现其本质特征；如果企业是重工业企业（如钢铁行业），则"年生产能力和生产用固定资产原值"两个标志共同作为分组标志，才能体现其本质特征。

3. 要结合现象所处的具体历史条件或经济条件来选择分组标志

社会经济现象总是随着时间、地点、条件的变化而变化的。因此，分组标志应随着具体历史条件或经济条件的变化而变化。不同的时期分组的情况差别很大，只有因时、因地考虑现象所处的条件，分组才有意义。

在确定了分组标志以后，还必须划定各组的界限标准，即在分组标志的变动范围内，划定各个相邻组之间的性质界限和数量界限。划定各组界限时应注意组内单位的同质性和组间的差异性。

## （二）统计分组方法

### 1．按品质标志分组

按品质标志分组是指选择反映事物属性差异的标志作为分组标志，并在品质标志的变动范围内划定各组间的界限的方法。其概念较为明确，分组也相对稳定。如人口按性别分为男、女两组，这样的分组就很简单明了。品质标志本身就决定了组数和组的界限。但是有的分组标志的表现却比较复杂，存在着不同性质的过渡状态，使分组现象不易划分。如以农产品为原料的产品，属于工业品还是农副产品，就很难界定。为了避免认识不同可能造成的差错，保证统计分组的统一性和可比性，联合国及各国的统计部门都规定以统一的分类目录作为划分组别的统一标准。

### 2．按数量标志分组

按数量标志分组是指选择反映事物数量差异的标志作为分组标志，并在数量标志的变动范围内划定各组间界限的方法。如企业按商品销售额分组、人口按年龄进行分组等均为按数量标志分组。

# 四、统计分组体系

## （一）简单分组和平行分组体系

### 1．简单分组

将总体按一个标志分组称为简单分组。如学生按"考分"分组。在实际工作中，简单分组很难满足多方面反映事物全貌的要求。

### 2．平行分组体系

对同一总体采用两个或两个以上的分组标志分别进行的简单分组平行排列起来，就形成了平行分组体系。将某企业职工分别按性别、工龄和年龄分组，就形成了一个平行分组体系。

## （二）复合分组和复合分组体系

### 1．复合分组

将同一总体按两个或两个以上的分组标志重叠起来进行分组称为复合分组。例如，可以同时选择学科、专业、性别等分组标志对高校在校学生进行分组。

### 2．复合分组体系

对同一总体按两个或两个以上的分组标志重叠起来进行分组，形成的树形结构分组体系称为复合分组体系。建立复合分组体系应根据统计研究目的的要求，确定分组标志的主辅顺序，先按主要标志对总体进行第一层次分组，再按辅助标志在第一次分组的基础上进行第二次分组，直至最后一层为止。复合分组体系的特点是有几次分组就能同时区分几个因素对差异的影响。

# 第四节　统计数据的显示

## 一、统计表

### （一）统计表的概念

把统计数字资料，按照一定的顺序和格式列在适当的表格中，这种容载统计资料的表格就是统计表。常见的统计表包括调查表、汇总表、计算分析表等。

使用统计表可以把复杂、无章、大量的数字资料组织得更为系统化、条理化、科学化、合理化，不仅能够使人在阅读时一目了然，还便于在分析时对照比较。

### （二）统计表的构成

1．统计表的外形结构

从外形上看，统计表一般由四个主要部分构成：总标题、横行标题、纵栏标题以及数字资料。这四个部分比较形象：总标题是表的名称，位于表的最上方，用以概括说明统计表所列的全部资料的内容。横行标题是横行的名称，位于表内左方，通常使用总体或总体各组成部分的名称来表示，它表示统计表所要说明的对象。纵栏标题是纵栏的名称，位于表内右上方，通常使用统计指标来表示，它反映了总体及总体各组成部分的特征。数字资料是指列在各横行标题与各纵栏标题交叉处的指标数值。

2．统计表的内容结构

从内容上看，统计表包括主词和宾词两部分。主词是指统计表所要说明的总体或总体的各组成部分，它通常使用总体或总体各组成部分的名称来表示。宾词是说明总体的统计指标，包括指标名称及相应的指标数值。

### （三）统计表的种类

按照主词是否分组及分组的情况，可以将统计表分为三种：简单表、简单分组表和复合分组表。

### 1. 简单表

简单表是指主词未经任何分组的统计表。常见的有空间数列表和时间数列表。

### 2. 简单分组表

简单分组表是指主词按一个标志分组的统计表。可以按品质标志分组，也可以按数量标志分组。

### 3. 复合分组表

复合分组表是指将主词按照两个或两个以上标志重叠分组形成的统计表，复合分组表能够提供更多的信息量。

### （四）统计表内容的设计

统计表宾词的设计，有简单设计和复合设计两种方法，在实际工作中应根据现象的研究目的，选择适当的方法对宾词指标进行设计。

### 1. 宾词的简单设计

宾词的简单设计是指宾词指标的平行排列，本节中上述各表均为宾词指标的简单设计。

### 2. 宾词的复合设计

宾词的复合设计是指宾词指标的重叠排列。

### （五）统计表的制表技术

通用的统计表一般具有固定的格式，这样不同的使用者能够按照统一的标准进行阅读浏览，对于统计表所要表述的数字信息才不会产生歧义，因此在编制统计表时应注意遵循下列规则：

第一，统计表的各种标题应能简明、确切地表达其内容，尤其是总标题，应十分简要地概括出统计表的基本内容和表中资料所属的时间与空间。

第二，一般按照先局部后整体的原则排列统计表中的主栏和宾栏，即先排列出各个项目后再列总计；在没有必要列出所有项目时，应先列出总计，之后再列出其中部分重要的项目。

第三，如果表中栏次较多，可加以编号。主栏和计量单位栏（即用文字表述的部分）用（甲）、（乙）等文字标明，宾栏（即用数字表述的部分）常用（1）、（2）、（3）等数字标明。表中有关栏次如有计算上的关系，可同时标明，如"（3）＝（2）／（1）"等。

第四，表中数字应对准位数，填写整齐，填好的统计表中不应当存在空白格。当数字为 0 或不足单位起点时，应写上 0；当缺乏某项数字时，用"……"表示；无法计算的数字用"—"表示。

第五，统计表中必须注明计量单位。若横行有不同的计量单位，可专设计量单位一栏，纵栏的计量单位，可写在指标名称下（后）面，如果各纵栏的计量单位一样，可以将其计量单位标在表的右上方。

第六，统计表的表式，通常是左右开口的，即左右两端不画竖线；表中项目之间通常也不画横线。

第七，必要时，应在统计表下方注明表中某些资料的来源，或对某些数据的计算方法、计算口径等作出说明。

## 二、统计图

### （一）统计图的概念及构成

#### 1. 概念

统计图是运用各种几何图形或具体事物来形象地表示现象之间数量关系的图形，利用统计图来表现和分析统计资料的方法叫作统计图示法。

它具有直观、形象、简明、便于比较等显著特点，在资料的统计分析中发挥着重要作用。

#### 2. 统计图的构成

一张完整的统计图通常由图题、图轴、标目、图形、图注等部分构成。

①图题是统计图的名称，又称标题，一般位于图下正中处。

②图轴是指在直角坐标上作图的纵横两轴，分别称为纵坐标和横坐标，也有少量一些统计图没有图轴。

③标目是指在纵横两轴上表示间距刻度的各种单位名称。

④图形是指用来说明图中代表不同事物的图形线条或颜色的含义。

⑤图注是指图形或其局部某一点需要借助文字、数字加以补充说明的内容。

### （二）统计图的种类

#### 1. 条形图

在平面直角坐标系中，用纵轴表示类别，横轴表示频数或频率，使用具有固定宽度的条形，并用条形的长度表示总体中各组成部分的频数或所占比重的分布，这种图形就叫作条形图。如果用横轴表示类别，也可称之为柱状图。条形图有单式、复式等形式，复式的条形图可用于比较不同总体在各类别上的频数或频率的分布情况；条形图还有二维和三维之分，三维图形更加形象。

2. 饼形图

饼形图主要用于表示总体中各组成部分的构成情况，用整个圆形表示总体，用圆内扇形的面积表示总体中各组成部分在总体中所占比重的图形为饼形图。圆内各个扇形面积的中心角度是按各部分百分比占 360 度的相应比例来确定的，例如有 41.5% 的居民认为价格是影响其购房的最重要因素，那么表现在饼形图中，其扇形所对应角度为 0.415×360 度＝149.4 度。

3. 直方图

在平面直角坐标系中，用横轴表示数据分组，纵轴表示各组对应的频数或频率，各组与其相应的频数或频率形成的矩形就是直方图。因此，直方图实际上是使用矩形的面积表示各组的频数或频率分布情况的图形。

4. 折线图

在直方图的基础上，将其矩形顶部的中点（即组中值）用直线连接起来，再将原来的直方图去掉就是折线图，又称为频数多边形图折线图应与横轴相交，这样折线图所围成的面积就与直方图的面积相等，两者所表示的频数分布也可一致。具体的做法是将第一个矩形顶部中点与其竖边中点（即该组频数一半的位置）连接并延长与横轴相交，将最后一个矩形顶部中点与其竖边中点连接同样延长到横轴即可。

5. 茎叶图

直方图与折线图适用于分组数据，能够显示出一组数据的频数或频率的分布状况，但不能给出数据的具体取值。而茎叶图适用于未分组数据，既能显示出数据的分布状况及离散状况，又能给出每个数据的原始数值。茎叶图由数字组成，主要由"茎"和"叶"两部分构成。绘制茎叶图的关键在于树茎的设计，通常是以数据的高位数值作为树茎，将低位数值依次排列在树茎的右方作为树叶。

6. 线图

在平面直角坐标系上，用横轴表示时间，纵轴表示指标的数值，用线段将对应的坐标点连接起来，就形成了描述现象数量变化特征和规律的统计图，即线图。线图主要用于显示时间序列的数据，用以反映现象在时间上发展变化的规律和趋势。

7．雷达图（radar chart）

雷达图是多指标图示法中的一种，当研究的现象必须使用多个指标或变量描述时，平面直角坐标系就不再适用，此时可以使用雷达图来显示数据的分布情况。

# 第五节　统计数据质量管理

## 一、统计数据质量的概念

### （一）统计数据质量的含义

统计数据质量是国家统计机构的"生命"。数据质量的好坏，不仅影响决策正确性与科学性，而且还直接影响国家统计机构的形象和声誉。随着经济全球化进程的加快，信息网络技术的推广应用，社会各界对统计信息的需求越来越广泛，一方面对统计数据质量提出更高的要求，赋予其更新的内涵；另一方面也为改进和提高统计数据的质量提供了更好的便利条件和手段。随着统计科学的发展和统计活动的广泛展开，以及人们对质量意识的增强，统计数据质量的内涵也在不断丰富。统计数据的质量可用效度和信度两个标准来衡量。

统计数据的效度是指反映客观事物的统计指标是否有效。如果统计数据的效度不高，即统计数据的指标和指标体系不能满足经济管理和经营决策的需要，即使统计数据再准确也是无用的，不能认为数据质量好。

统计数据的信度是指对统计数据的可信程度，即数据的可靠性。更直观地表示就是统计数据的误差问题。统计数据的效度主要体现在统计设计方面，而统计数据的信度则存在于统计数据的搜集、整理、推断、预测和公布的全过程中。

### （二）国际统计数据质量标准简介

为了提高统计数据质量，国际货币基金组织（International Monetary

Funds，简称 IMF）在 1995 年 10 月批准建立两个层次的数据标准，即数据公布通用系统（General Data Dissemination System，简称 GDDS）和数据公布特殊标准（Special Data Dissemination System，简称 SDDS），为统计数据公布的国际标准。

GDDS 是国际货币基金组织（IMF）为统计基础不够健全的成员国制定的数据公布的规范，是 IMF 为其成员国的统计体制制定的一个综合框架。1997 年 12 月，IMF 正式通过 GDDSC GDDS 的成员国多为发展中国家。IMF 通过技术援助帮助 GDDS 的参加国逐步改进现有统计体制，最终达到与国际接轨。实际上，GDDS 是 IMF 正在推行的公布数据标准的第一个层面，适用于 IMF 所有成员国，特别适用于统计基础比较薄弱的发展中国家。

SDDS 是国际货币基金组织（IMF）为统计基础较为健全的成员国制定的一套规范。适用于已经或寻求进入国际资本市场的国家。它是 IMF 公布数据标准的第二个层面。

GDDS 与 SDDS 的主要区别有三点：①两者强调的重点不同。由于参加 SDDS 的成员国通常都有良好的统计基础和完备的统计系统，数据质量已经不是主要问题，因此 SDDS 强调的是频率和实效性；而参加 GDDS 的国家，基本上都是统计基础比较薄弱的国家，所以 CDDS 强调的是数据质量，是生产数据的过程。②两者加入的条件不同。SDDS 要求参加国在加入时必须满足 SDDS 所设定的各项标准。但 GDDS 在加入条件上没有硬性的规定，只要求参加国承诺使用 GDDS 作为国家统计发展的框架。③GDDS 与 SDDS 成员国提供给 IMF 报表的内容不同。SDDS 要求参加国提供经济和金融的核心统计数据，以及生产和公布这些数据的说明。GDDS 则不要求提供数据，只要求提供有关描述现行统计数据生产和发布方面的信息和短期、中期的改进计划。

在人们的一般观念中，准确性是统计数据质量的同义词，统计误差越小越准确，数据质量就越高。在 20 世纪 80 年代以前，国际统计界基本上是以提高数据准确性为出发点，从数理统计和抽样技术角度，大量研究如何缩小统计误差、控制数据质量。因此，在这一时期，数理统计和抽样技术理论方法得到较大的发展，并在统计实际工作中被广泛应用。随着人们质量观念的变化，质量不仅仅单纯是指产品或服务的使用性能，还包括产品或服务满足用户需求的程度，它是一个包含丰富内涵、具有多维因素的综合性概念。

目前各国统计机构和有关国际组织对统计数据质量含义的解释和理解还存在一定的分歧，对于统计数据质量应涵盖哪些方面，还没有一个统一的标准。各国从本国的实际情况以及对数据质量含义的理解出发，确定了不同的数据质量标准。尽管如此，在国际官方统计界，对数据质量概念的认识在一些方面达到高度的共识，并取得广泛的一致：一是注重从用户角度来衡量数据质量，强调用户对统计信息的满意程度；二是数据质量是一个综合性概念，需要建立一套开放、透明的统计数据质量管理体系，应从多角度、多方面来衡量；三是适用性、准确性、及时性、可取得性、可比性和可衔接性，构成数据质量的基本要素。

①适用性：是指收集的统计信息是否有用，是否符合用户的需求。它要求政府统计机构与社会各界保持密切的联系，通过各种途径及时了解和掌握社会对统计信息的需求情况，以适应社会经济管理的需要，减少或弥补统计信息供应与社会需求之间的缺口。因此，在开展某项统计调查之前，必须首先了解用户的需求，收集相关的统计信息。

②准确性：是指统计调查值与目标特征值之间的差异程度。统计误差越小，准确性就越高。

③及时性：是指调查基准期与统计数据发布时间之间的间隔时间。统计数据质量的及时性就是缩短这个间隔时间，提高统计数据的时效性。

④可取得性：是指用户从统计部门取得统计信息的容易程度。

⑤可比性：是指同一项目的统计数据在时间、空间、指标口径、计算方法、计量单位等的可比。

⑥可衔接性：指同一个统计机构内部不同统计调查项目之间、不同统计机构之间，以及与国际组织之间统计数据的衔接程度，尽量与国家或国际统计标准保持衔接和可比。

## 二、统计数据质量控制

### （一）统计数据质量的行政控制

行政控制是保障统计数据质量的根本。各级统计机构、各有关部门要依据《统计法》和有关的法律、法规所赋予的职责，通过行政措施对统计数据采集、加工全过程进行严格的管理，从组织角度确保统计数据生产过程中各环节的有机运转和合理衔接。

### （二）统计数据质量的制度约束

制度约束是保障统计数据质量的依据。各级各部门要通过建立健全完善的工作制度和专业统计制度，对统计数据的采集、加工、整理等过程进行规范；要建立常设的数据质量控制领导机构；要建立健全质量控制办法、完善评估制度；要建立数据质量定期检查、调研制度；要健全审核制度和报送规定、严格审批手续；要健全原始记录和统计台账。

### （三）统计数据质量的依法监管和责任追究

依法监管和责任追究是提高统计数据质量的保障。各级统计部门根据《统计法》赋予的职责，对统计数据质量进行检查和监督，并对统计违法行为进行法律追究；要建立健全统计执法检查制度；广泛开展法律宣传，加大违法案件曝光力度；加强业务培训，提高统计执法人员素质；专业人员发现违法线索，要及时告知统计执法人员，并积极配合查处。

## 三、统计数据质量评价与管理

### （一）统计数据质量评价

建立数据质量评价机制和管理体系，可以改进和提高统计数据质量。总体上，数据质量管理可分为两类：一类是数据质量综合管理体系，即在统一的组织框架下，对整个统计机构的数据进行全面的质量评价。另一类是单项统计数据质量管理机制，即对某一具体统计项目，如国民核算、消费价格指数、国际收支、住户调查等数据的质量情况进行评价和管理。

### （二）统计数据质量管理

#### 1. 制定统计数据质量评估标准，强化质量管理意识

为了实施全面数据质量管理，一些国家政府和有关国际组织的统计机构编制数据质量管理手册，建立质量评估标准。国际货币基金统计局的质量标准是准确性、适用性、可取得性、方法专业性或完全性等。这些标准是各国政府统计机构对数据进行质量检测、监管的重要内容和依据。

#### 2. 应用不同的方法开展质量评估和管理

由于各国政府统计体制的不同，质量评价标准也有所差异，而且管理的角度也不同，有的侧重于统计数据的编制过程，有的侧重于统计机构环境，

有的侧重于数据来源和数据本身的管理和评价。因此，各国采取的质量管理方法也各不相同。即使在国家统计机构统一的质量管理框架体系下，由于不同统计项目的质量控制目的、要求不同，也可以实行不同的质量管理方法。

3．开展数据质量的量化分析工作，制定数据质量改进目标

为强化数据质量管理，通过建立一套数据质量调查和量化指标评价体系，全面分析和评价数据的质量状况。例如，通过定期问卷调查的方式，编制数据满意度指数，了解用户对数据的满意程度；编制调查负担系数，向数据提供者了解调查负担程度等。实践证明，数据质量的量化分析和量化目标是一种行之有效的管理方式。

# 第三章 医院统计工作的相关实践

## 第一节 医院统计工作规范与基础

### 一、医院统计工作规范

#### （一）制定医院统计工作规范的依据

医院统计工作规范是为了规范医院统计工作行为、统一各类统计指标口径而制定的标准，既是统计相关法规的具体细化，也是各医疗机构开展统计工作必须遵守的规定。制定医院统计工作规范的依据主要是《中华人民共和国统计法》及其实施细则、《全国卫生统计工作管理办法》《统计从业资格认定办法》《部门统计调查项目管理暂行办法》《统计调查项目审批管理规定》《统计执法检查规定》等。

《国家卫生统计调查制度》包括《全国卫生资源与医疗服务调查制度》《全国卫生监督调查制度》《全国疾病控制调查制度》《全国妇幼卫生调查制度》以及《全国新型农村合作医疗调查制度》等五大部分。医院统计工作的主要内容就是在《全国卫生资源与医疗服务调查制度》的框架指导下开展的。

#### （二）医院统计工作规范包含的主要内容

##### 1. 医院统计机构设置和人员配备

为保障医院统计工作的顺利开展，医院必须设立独立的统计部门，并配备专职统计人员。统计规范中必须明确这一点。

统计人员的配备数量并无统一标准，不同地区要求不同，一般来说会根据医院的规模进行配备。随着医院信息化程度的不断提高，对统计人员的数量要求逐渐降低，而对人员素质的要求则不断提高，更加注重统计人员的专业素养和综合素质，如统计专业的学习经历、统计执业的资格以及其他相关知识的积累，如医院管理、医学科学、计算机、数据库、ICD 疾病分类、综合分析等。

在规范中有必要明确提出对人员的要求，以便在人员引进、人员培训等方面有的放矢。

2. 统计岗位职责

不同级别的卫生机构、不同级别的统计工作人员在统计工作中承担着不同的工作职责，需要在规范中明确基本的职责，以便各司其职。

（1）机构的统计岗位职责

第一，卫生行政管理机构的统计工作职责：主要负责制定本辖区卫生统计工作的制度和发展规划，指导、监督、检查卫生统计工作，收集、审核、汇总基层医疗卫生机构的统计报表，按时上报，确保国家卫生统计调查工作的顺利开展。完成本地区的卫生统计年鉴，统一管理、提供本地区的卫生统计信息，开展卫生统计分析。建立和完善本地区卫生统计信息自动化，组织卫生统计业务培训及对外交流。

第二，医院统计工作职责：根据上级的制度与规范，制定本单位的统计工作制度和规范。按时完成各类卫生统计报表和统计调查任务，确保统计数据准确无误。妥善保管各类原始数据、统计报表，完成本单位的卫生统计资料汇编，通过统计简报等形式进行统计咨询及信息反馈，开展本单位的综合或专题统计分析，推动本单位的统计信息化建设。

（2）统计工作人员的岗位职责

①统计室主任

统计室主任负责制定统计室规章制度、发展规划和年度计划，优化工作流程；负责与各部门的工作协调，确保法定报表及时上报和统计室各项工作的顺利开展；负责统计数据的安全管理，组织编制年度统计资料汇编，及信息的咨询与反馈，组织综合统计分析；组织协助医务人员的科研设计和数据分析；负责推动医院统计工作的信息化；负责统计人员的培训和业务指导，人才梯队培养。

②统计师

统计师对各科室数据的登记与统计进行质量检查和业务指导，负责原始记录表格和院内报表的设计、制定、修改和解释；及时准确上报各类法定报表；安全管理统计数据，建立健全统计台账，编制年度统计资料汇编；为各级部门和领导提供统计调查和查询，对全院综合数据进行分析和利用，撰写阶段性和专题性统计分析报告；协助医务人员的科研设计和数据分析；承担实习生、进修生的统计专业技术培训，指导培养初中级统计专业人才。

③统计员

统计员负责医疗业务量的采集、整理和初步统计；遵照统计制度和统计方法的规定正确填报报表，及时准确上报各类法定报表；安全管理统计数据，按照要求绘制各类统计表格，编制年度统计资料汇编；按照要求实施统计调查和查询，对业务运营进行基础调查并进行初步统计分析。

3. 医院统计工作流程

医院统计工作头绪多，时效性要求强，因此根据各医院的工作特点，合理制定工作流程非常重要。流程中对各工作环节及环节之间的衔接应有详细明确的要求。

4. 统计指标说明与数据管理

只有统一指标口径，数据才具有同质性，做出的分析才具有可比性。因此不管具体的规范如何不同，规范中的指标口径一定要一致。原则上统计口径应该在全国范围内统一，但由于《国家卫生统计调查制度》仅仅列出了部分指标的大致说明，并没有给出详细的口径解释，而在实际工作中的情况十分复杂，仅靠指标的大致说明不容易统一，可能导致统计数据产生很大差异。特别是在医院信息化建设之后，很多数据的采集方式发生了改变，指标涵义也发生了微妙的变化，传统的统计口径并不完全适应新的方式。因此，以传统指标口径为基础，根据新的变化修订指标口径，从数据产生的源头进行规范管理，让不同医疗机构统计部门都在统一的规范下开展工作，是各卫生行政管理部门都十分重视的工作。同时，掌握规范、及时了解规范的修订变化也是统计人员的首要任务。因此，详细的统计指标说明也应该是统计规范的主体，至少在地区级的规范中应该对指标进行详细的说明，以保证口径统一。

5. 相关法规、制度及标准

在统计规范中，将国家的相关法规、制度及标准等内容以附录形式列出来，便于统计人员快速查阅，这也是统计规范中的常见内容。但如果相关的资料已经齐备，则不必赘述。

## 二、医院统计基础报表、年鉴及简报

### （一）全国卫生资源与医疗服务调查制度

1.《医疗卫生机构年报表》

（1）机构基本情况

机构基本情况主要包括机构名称、代码、属性、地址、级别、临床重点专科情况、住院医师规范化培训基地情况、医保定点情况、信息系统建设情况等。

（2）年末人员数

年末人员数主要是年末时的人员总数和人员结构。人员结构从在岗职工和退休人员两个方面填报，重点是在岗职工，主要根据从事专业进行分类，分卫生技术人员、其他技术人员、管理人员和工勤技能人员。另外还需填报职工的培训情况。

（3）年末床位数

年末床位数是指需填报编制床位数和实有床位数，包括对床位的使用情况，如实际开放总床日数、实际占用总床日数、出院者占用总床日数等。

（4）房屋及基本建设

房屋及基本建设的主要内容是年末时机构的房屋面积（包括建筑面积和租房面积）、年内基建项目（包括新批准的项目个数、建筑面积，实际完成的投资额，房屋竣工面积，新增固定资产等）。

（5）年末设备数

年末设备数包括医疗设备、后勤设备等在内的全部万元以上的设备，从设备总价值和设备台数两方面进行填报。

（6）本年度收入与费用

收入划分为医疗收入、财政补助收入、科教项目收入、其他收入四大部分。其中的医疗收入是填报重点，并区分门诊收入与住院收入，按照收入的不同类别分别填报，如诊察收入、检查收入、化验收入、治疗收入、手术收入、护理收入、卫生材料收入、药品收入等。

费用（或支出）主要分为五大类：医疗业务成本、财政项目补助支出、科教项目支出、管理费用、其他支出。

在"本年度收入与费用"中有两个涉及基本药物的项目："基本药物收入"和"基本药物支出"其中的基本药物是指被收入"基本药物目录"的药品种类，有国家级、省级、市级等不同级别的药物目录，都应包括进来。

（7）年末资产与负债

年末资产与负债主要包括流动资产（负债）和非流动资产（负债），以及净资产。

（8）本年度医疗服务量

本年度医疗服务量主要从门诊、住院两方面的人次数反映医疗服务量，门诊部分包括门急诊人次、观察室留观数及体检人数；住院部分则用入出院人数、手术人数反映。另外报告处方数量、肾透析人数、药物不良反应例数及临床用血总量。

除此之外，对医疗纠纷进行了较为详细的报告，从纠纷例数、金额两个方面分别填报，并需要报告不同解决途径的例数和鉴定为不同级别医疗事故的例数。

（9）基本公共卫生服务

该部分限定由政府确定为提供基本公共卫生服务的医疗机构（主要是社区服务中心）填报，有关指标解释与《国家基本公共卫生服务项目》一致。填报内容主要是基本公共卫生服务的项目，如年末服务（常住）人口数、居民健康档案累计建档人数、各类人群的健康管理人数及各类监测慢性病的规范管理人数等。

（10）分科情况

分科情况主要填报医院内各专科的实有床位数、门急诊诊疗人次和出院人数。

（11）中医特色指标

该部分仅限中医医院、中西医结合医院、民族医医院填报。主要内容是中医治疗的人数、中医技术的总数、中药制剂室面积、中药制剂品种数、部分中医诊疗设备数等。

2.《医疗服务月报表》

（1）月末人员及床位数

人员数仅需要填报卫生技术人员，其中的人员结构也涉及执业（助理）

医师和注册护士，没有区分医师的执业类别以及药师、技师等。床位相关指标则与年报基本相同。

（2）本月收入与支出

该部分主要填报治疗收入与支出，其中的分类需填报药品收入与支出。

（3）本月医疗卫生服务量

本月医疗卫生服务量主要用门急诊诊疗人次和出院人数简单反映医疗服务量。

（4）卫生局指定机构代报项目

卫生局代报基层卫生机构的服务量，主要是诊所、村卫生室及社区卫生服务站的诊疗人次。

（5）公立医院填报项目

该部分主要为了解公立医院改革的情况，从药品加成、建立理事会等法人治理机构、实行同级医疗机构检查互认等方面了解情况。

3.《卫生人力基本信息调查表》

（1）人员基本信息

人员基本信息主要包括姓名、性别、民族、身份证件信息、联系电话等。

（2）人员从业信息

人员从业信息主要包括所在科室、从事专业类别（类别代码统一要求），医师还需填写执业证书的编码和执业范围等。

（3）人员职称学历信息

人员职称学历信息主要包括专业技术资格和职务、学历学位及所学专业等。

（4）人员流动情况

人员流动情况主要指人员调入前、调出后的单位、调动时间等。全科医生需填写取得培训合格证书的情况。

4.《医用设备调查表》

同《卫生人力基本信息调查表》一样，《医用设备调查表》（详见附录4）也经历了更新频率逐渐提高的过程，目前也要求实时更新。该报表用于调查部分大型、特殊医用设备的购置及使用情况，并根据机构类别不同，上报的设备有所不同，医院、妇幼保健院、专科疾病防治院需要上报的设备种类最多，包括 X 线诊断机、X 线电子计算机断层扫描装置（CT）、医用磁共振成像设备（核磁）、B 型超声诊断仪、高压氧舱、全自动生化分析仪、人工肾透析装置等大约 25 种以及其他单价在 500 万元以上的医用设备该报表包括的内容主要有：设备名称、产地和厂家、购买日期、购买价格、理论设计寿命及是否启用等。

5.《住院病案首页》

（1）患者基本信息

患者基本信息主要包括患者姓名、性别、年龄、身份证号码、婚姻状况、职业、各类地址（出生地、现住地、户口所在地、工作单位地址等）及联系人、联系电话等。该部分数据可用于患者的各类构成分析（如年龄构成、性别构成、职业构成、异地患者构成等）。

（2）住院时间及科室

住院时间及科室包括入、出院及转科的时间、科室、病房等。可用于统计各专科工作量。

（3）诊断及编码

诊断及编码是首页的重点之一，患者的疾病信息都在此处体现。包括门（急）诊诊断、出院诊断和病理诊断，并进行 ICD－10 编码。其中出院诊断是重点，当有多个出院诊断时，要求填写"主要诊断"和"其他诊断"，对于"其他诊断"的填写数量没有硬性规定，尽量全部填报。

（4）手术及操作名称与编码

手术及操作名称与编码也是病案首页的重点，包括手术及操作的实施日期、名称、ICD－9－CM－3 编码、实施医师（主要手术者，第一、二助手）、切口与愈合的等级、麻醉方式等。

（5）离院方式

旧版首页对疾病诊断需填写"出院情况"，即治愈、好转、未愈、死亡或其他。新版则去除了这样的内容，代之以更为客观的"离院方式"。用患者离院是遵医嘱离院或转院，还是自行离院或死亡等项目分类来反映患者的治疗结果。

（6）医师及质控者签名

医师签名包括科主任、主任（副主任）医师、主治医师和住院医师，其他如有进修医师、实习医师等，也可签名。病案质量控制的签名有质控医师、质控护士。

（7）住院费用

住院费用是新版病案首页改动最大的一部分，费用的分类结构进行了彻底的改变。目前主要分为十类：综合医疗服务类、诊断类、治疗类、康复类、中医类、西药类、中药类、血液和血液制品类、耗材类、其他类。

（8）其他

首页中还包括一些与患者诊疗有关的项目，如过敏药物、血型、是否有出院 31 天再住院计划、颅脑损伤患者昏迷时间等。

由于各地对住院病人的信息要求不同，因此允许在《住院病案首页》中添加需要的项目，如产科分娩婴儿记录表（用于填报在医院分娩的婴儿性别、体重、分娩结果、呼吸情况等，是统计活产婴儿数的数据来源）、肿瘤治疗专科病人治疗记录表（用于填报肿瘤的分期类型、放疗和化疗的方式、时间等）。但卫健委发布的首页项目不得减少。

（二）医院统计年鉴

依据法律和制度建立的"卫计统表"和《医院工作报表》是医院统计工作必须完成的任务，带有强制性，是不同医院之间具有共性的工作内容。而《卫生统计年鉴》则是各医疗卫生机构的自我总结和积累，是非强制性的，带有鲜明的个性特点。其范围可以是整个地区卫生事业的发展描述，多由地区的卫生行政主管部门组织编写；也可以是单家医院各项工作的记录，由医院的统计部门编写，又称为《统计汇编》。下面就以医院的《统计年鉴》为例进行介绍。

《统计年鉴》以年度为单位，用统计数据、图表对整个医院的情况进行全面、详实的记录，一年一期，并逐年积累，如同书写医院的发展历史，是医院的宝贵资料。其涵盖的内容十分广泛，包括医疗资源（如人员、建筑、设备、收入等）、医疗服务（如门诊、住院、医技等）、工作效率、医疗质量、医疗收费、科研教学等方方面面，并根据收编的内容分为不同章节，各章开篇简要介绍本章主要内容、资料来源、历史变动情况等。每章具体内容均为统计数据，并根据数据性质展示以统计表、统计图等不同形式，辅以简洁文字说明，图文并茂，清晰明了。

### （三）医院统计简报

以法定统计报表和统计年鉴为基础，选择最受关注的内容编写统计简报，每天、每周或每月定期发布，可为医院领导层及时掌握医疗服务动态快速提供信息。统计简报的重点在于简洁、及时，因此不要求内容全面，只要能包括主要指标即可，如常见的门急诊诊疗人次、体检人次、出院人数、手术人数、病床使用情况等。一般来说，发布周期越短，统计指标越精简。如果人力充足或信息化程度高，也可以包含更多内容。

# 第二节　医院相关统计

## 一、医院资源统计

### （一）床位统计

医院病床数是医院统计中最受关注的指标之一，因为该指标体现了医院的规模，人员设备的配置也都以此为依据，其相关指标反映了住院病区的运营情况。由于配备的设施不同，医院病床也有不同等级，对应不同的收费标准。《全国医疗服务价格项目规范》（以下简称《价格项目规范》）则规定，要满足一定条件的病床才能收取床位费用。这些条件包括：日常生活用品（病床、床头柜、座椅（或木凳）、床垫、棉褥、棉被（或毯）、枕头、床单、病人服装、热水瓶、洗脸盆、废品袋（或篓）、大小便器等）；病房环境的清洁消毒；病人基本无生命体征和住院病历记录、衣被更换；医护人员查房、护送等；房间面积要求等。不满足这些基本条件的病床则只能算为临时加床，不能收费。

1. 床位指标

（1）核定床位

核定床位又称编制床位，是指由卫生行政部门核定的床位数，记录在《医疗机构执业许可证》上。

（2）期末实有病床数

由于医院的实际运营情况不同，实有病床数不一定与核定床位数一致。《中国卫生统计调查制度》规定"实有病床数指固定实有病床，包括正规床、简易床、监护床、超过半年加床、正在消毒和修理床位、因扩建或大修而停用床位。不包括产科新生儿床、接产室待产床、库存床、观察床、临时加床和病人家属陪侍床"。

（3）实际开放病床数

实际开放病床数指可以收治病人的固定病床数，不论该床是否被病人占用，都应计算在内。与实有病床数的不同之处在于，实际开放病床数不包括因病房扩建或大修而停用的病床。因此，实有病床数体现了医院的规模和实力，而实际开放病床数则表现出当时医院容纳病人的能力。

在实际工作中，如何界定实际开放病床并不是很容易的事。如果床位数的多少涉及病区的成本分摊、病床使用率的高低涉及奖金分配，可能使人们倾向于少报实际开放病床数；如果希望使医院表现出容纳力很大，则有可能多报实际开放病床数。根据《管理条例》和《价格项目规范》对标准床位的规定，可以采用一种透明的、相对公平而且容易操作的方法，即将收费床位计为实际开放病床，不收费的病床计入加床，以此统计实际开放病床数。

（4）加床

在病房中，每张床位都有一个编号，一般是从数字 1 开始，顺序递增。超过核定床位数的病床，往往被编号为加 1，加 2（或写为＋1，＋2，…）。这些编号带"加（或＋）"的病床被临床医护人员称为加床。这样的加床仅仅是名字叫加床，可能具有《管理条例》和《价格项目规范》中规定的病床相关条件，是固定的床位，也可能不具备相关条件，只是临时摆放，用于病人很多时周转一下。

但对医院统计人员来说，加床涉及是否应该计入实际开放病床之中的问题，也由此涉及病床使用率、病床周转次数等指标的数值，因此加床还有更复杂的意义。前面的"实有病床"和"实际开放病床"提到共同的一点：包括超过半年的加床。所以，长期摆放的固定加床，具备相配套的设施和条件，仅仅因为超过核定床位数而称为加床的，在医院统计中并不是真正意义的加床，而应计入"实有病床"和"实际开放病床"。只有不具备相关设施和条件、仅临时摆放的床位才是统计意义上的加床。在实际工作中，这种意义上的加床必须亲临现场进行判断，而且需要每天到场观察，才可能做出准确判断。这是非常难做到的。可以采用与实际开放病床数相同的统计口径，即加床也根据是否收取床位费进行判断，不收费的病床计入加床。

（5）新生儿床

产科和新生儿科都有新生儿床，但产科的新生儿床不计入实有病床，这与产科的新生儿没有住院号是一致的。新生儿科的病床则同普通病床一样应计入实有病床。

（6）实际开放总床日数

实际开放总床日数指期内医院各科每日夜晚 12 点钟实际开放病床数之和。该指标结合了实际开放病床与时间两个因素。对具体一天来说，实际开放总床日数就是当天的实际开放病床数。在工作中，此指标值为"病房工作日志"中期内每天的床位数之和。

（7）平均开放床位数

该指标的计算公式为：期内实际开放总床日数/本期日历日数。

（8）实际占用总床日数

实际占用总床日数指医院各科每日夜晚 12 点实际占用病床数（即每日夜晚 12 点住院病人）总和。包括实际占用的临时加床在内。病人入院后于当晚 12 点前死亡或因故出院的病人，作为实际占用床位 1 天进行统计，同时亦统计"出院者占用总床日数"1 天，入院及出院人数各 1 人。对具体一天来说，实际占用床日数就是当时在院病人数＋当天入院并且当天出院或死亡的病人数。

（9）出院者占用总床日数

出院者占用总床日数即某时段出院者的住院天数总和。该指标与"实际占用总床日数"不同，前者可用于计算出院者平均住院日，从病人的角度反映工作效率；后者可用于计算病床使用率，从病床的角度反映工作负荷。

2．派生指标

（1）病床使用率

该指标反映了医院床位的利用情况或者说负荷程度。其计算公式为：实际占用总床日数/实际开放总床日数×100％。虽然病床使用率越高，表示床位的负荷越大，但这并不表明工作量就越大，因为病人有可能是因为没有及时出院而占住了床位，俗称"压床"，这样反而降低了病床的周转。所以考核病床利用情况，应该要结合病床使用率、病床工作日、病床周转次数以及出院者平均住院日等指标，而不能单看病床使用率一项。

（2）病床工作日

病床工作日又称平均病床工作日，指平均每张病床在期内工作的天数。其计算公式为：实际占用总床日数/平均开放病床数。从相关公式推导可以发现：

$$病床工作日＝实际占用总床日数/平均开放病床数$$

$$＝（病床使用率×实际开放总床日数）/$$

$$（实际开放总床日数/期内日历日数）$$

$$＝病床使用率×期内日历日数$$

$$病床使用率＝病床工作日/期内日历日数$$

因此，当病床使用率＞100％时，病床工作日＞期内日历日数。但是长期来看，固定床位的平均工作日不可能超过实有的天数，因此，长期的病床使用率如果超过100％，必定有数据不正常。

（3）病床周转次数

该指标是指在一段时期内，平均每张病床收治过多少病人，体现了病床利用的效率。其计算公式为：

$$全院＝出院病人数/平均开放病床数$$

$$科室＝（出院病人数十转往他科人数）/平均开放病床数$$

病床周转次数不仅受出院病人数影响，也受到病人住院时间长短影响，住院时间越长，病床周转越慢。

（4）出院者平均住院日

其计算公式为：出院者占用总床日数/出院人数。病人住院时间的长短受很多因素的影响，通常情况下，病情越重、病种越复杂、治疗难度越大，住院的时间会越长。在相同病种、病情的条件下，加强管理、积极安排检查治疗以及科室之间的协调，可以缩短住院时间，这不但减轻了患者负担，也可以加快病床周转，节省医疗资源，同时还体现了医疗水平和医院管理水平。

## （二）人力资源统计

### 1. 人力资源统计指标

医院人力资源统计中，有总量指标和比例指标，分别体现了医院的规模和人员结构。

（1）总量指标

①编制人数

编制人员与核定床位类似，指取得机构编制管理部门的编制手续的人员。对编制人员来说，不仅仅有人数的规定，还有类别、岗位设置、职数及人员结构比例等方面的要求。编制人数是由上级部门根据医院的规模进行核算后给出的，主要参考指标即核定床位数。

②在岗职工人数

实际工作中，医院的实有床位与核定床位往往不相同。根据《综合医院组织编制原则（草案）》的指导意见，需要按照实有床位配备实际的工作人员，这与编制人数往往也不相等。因此统计医院人数时，采用在岗职工人数更具有实际意义。在岗职工人数是指统计时点在单位工作并由单位支付工资的人员，包括在编及合同制人员、返聘人员、临聘人员，不包括离退休人员、退职人员、离开本单位仍保留劳动关系人员。

总量指标还有人员各种分类总数，如专业分类、学历分类、职称分类等。其中专业分类是统计、管理的难点，主要是因为医院人力专业结构十分复杂，必须统一各专业归类的口径。按工作专业分类，医院工作人员分为四大类：卫生技术人员、其他技术人员、管理人员、工勤技能人员。

（2）结构指标

从不同角度可对医院人力资源进行分类，并且统计不同类别的人员总数和结构比例。

（3）负荷指标

负荷指标用于粗略体现医院人员的工作量负荷，也体现了人员的工作效率。主要有平均每职工诊疗人次、平均每医生诊疗人次、平均每医生占用床日数等。

①平均每职工诊疗人次、平均每医生诊疗人次

该指标通过门诊工作量（用门诊总诊疗人次表示）与职工总数或医生总数的比来反映工作量负荷。由于门诊总诊疗人次一般是取一个时期，因此，职工总数或医生总数也应取同时期的平均数。具体公式如下：

平均每职工（医生）诊疗人次＝期内门诊总诊疗人次/期内平均职工（医生）

＝［期初职工（医生）数＋期末职工（医生）数］/2

②平均每医生占用床日数

该指标通过住院工作量（用实际占用总床日数表示）与职工总数或医生总数的比来反映工作量负荷。

2．人力资源管理与统计信息化

传统的人力资源管理与统计都是依靠手工填写的信息表进行，数据收集、核实困难，而且难以掌握变动情况，往往出现某医生退休或病逝多年，却仍然统计为在岗职工之一。医院信息系统建立完善后，这种情况将得到根本性的改变。整个医院的人力资源管理和统计可作为 HIS 的一个子系统，每个工作人员的详细信息被整合在一起，建立起数据库，各相关部门数据共享，据此开通各项工作权限，如开医嘱、安排手术、院内通行卡、人员统计等。入职、离职都一次性记录，而不必各个科室签字确认。这样简化了管理流程，能够有效保证数据的准确性和统一性。

（三）仪器设备配置统计

医院的仪器设备很多，设备的种类、数量、金额、在各科室中的分布情况，设备是否得到充分利用，医院能否尽快收回成本，这都需要通过仪器设备的使用统计来了解。

# 二、门、急诊业务统计

（一）门急诊人次统计

对门急诊工作而言，最重要的统计指标就是门急诊诊疗人次。

1．定义

（1）门诊诊疗人次

门诊诊疗人次指有门诊实际诊疗过程的人次数。包括初诊、复诊、在门诊进行的孕期、产后检查、预约手术、局部（单科）健康检查及验光等，不包括医师以外的其他卫生技术人员根据医嘱进行的各项检查、治疗、处置（如透视、摄片、注射、检验等）人次数。在诊疗的同时做的检查、处置及门诊小手术等不能重复计算。

（2）急诊诊疗人次

急诊诊疗人次指在急诊室或急诊时间进行诊疗的人次数。

2．统计方法

统计门急诊人次的传统方法是每日清点挂号票，并记录在表格中，每月汇总。随着医院信息化的发展，门诊医生工作站不断完善，门急诊诊疗信息的记录更加全面而精确，每个病人的就诊过程都清晰保存，HIS 能保存并调用病人的基本信息、诊断信息、处方情况，甚至诊疗每个步骤的时间点，因此医院统计工作能找到更高效、更准确的方式来统计这项指标。目前，统计门急诊人次的方法主要有以下几方面。

（1）清点挂号票

清点挂号票即医生接诊一位病人时收取一张挂号票，工作结束时将挂号票交于护士，由护士每日清点票数，并填写日报表，以此来反映门急诊诊疗人次。在医院信息化发展不成熟的情况下，这种方式还是可行的。

（2）"三同"法

"三同"法即同一天、同一病人、同一个医生发生的门诊诊疗作为一个门诊人次。"三同"法的实现是在 HIS 中利用程序进行自动判别，依据为病人挂号的时间、门诊号及医生登录 HIS 门诊工作站的用户名来确定。

（3）门诊医生诊疗日志记录

该方法是在门诊医生的诊疗过程中增加一个"书写"门诊日志的步骤，该步骤会记录病人的门诊号、姓名等基本信息和就诊时间、疾病诊断及处方等诊疗信息，是非常全面的门诊信息记录。门诊诊疗人次就根据医生的门诊日志记录进行统计。

这种统计门诊诊疗人次的方法最符合实际、最为客观准确。而且由于记录的信息全面，还能进行门诊病人的详细分析，如年龄、性别、来源等，也可以分析就诊人次随季节、时间的变动趋势和规律。对门诊诊断名称进行规范及结合 ICD 编码后，甚至可以分析门诊疾病，这是其他统计方法所没有的优点。

在医院工作实现信息化之后，在 HIS 门诊工作站中，病人的基本信息都可以从挂号处或分诊台直接获取，诊疗和处方信息则是医生必须记录的内容，因此医生只需要少量输入即能完成门诊日志，而不会增加过多负担。

（二）观察室人次统计

观察室人次即期内出观察室的病人数。观察室的工作流程与住院病房非常近似，入室病人也有观察室病历，只是病人的病情严重程度不足的住院，留院观察即可。所以很多医院的 HIS 将观察室作为一个住院病区来设置。观察室的人员流动记录与病房的工作日志也很相似，都有期初人数、进入人数、离开人数、期末人数、死亡人数等项目。统计观察室人次的传统的方法是清点手工登记，在信息化建设之后则可按照住院病房的方式进行管理和统计。

### （三）门急诊疾病统计

目前，大多数医院的门急诊疾病诊断信息主要依靠医生手工填写，疾病名称难以规范，而且由于病人多，几乎无法实现门诊疾病的 ICD 编码，因此门急诊的病种统计十分困难。可以考虑在门诊医生工作站中，设立常见疾病诊断库，让医生主要通过选择诊断库中的疾病名称，少量手工填写，以此统一疾病名称，才有可能实现门急诊的病种统计。

### （四）门急诊手术统计

由于场地、设备、人员及消毒、抢救等条件限制，门急诊不会开展大型手术，往往是操作类的手术比较常见。随着技术的进步和条件的改善，以前很多必须在住院部手术室完成的手术在门诊也能开展了。因此明确门急诊手术的统计范围，统一口径，统计数据才能全面反映门诊手术的情况，在不同医院之间也才有可比性。

门诊手术的统计范围：以治疗为目的，在门诊利用手术或动用器械对组织和器官进行切开、缝合、整复、割除、烧灼等均为门诊手术；在门诊手术室利用器械进行的一些深部内腔检查如宫腔镜、膀胱镜、肠镜、胃镜、气管镜等检查以及计划生育等均应列入门诊手术统计。在门诊诊室内进行的拔牙、齿龈切除、骨折手法复位小夹板固定等，也应列入门诊手术。

传统的统计方式仍然是靠门诊手术室或门诊科室的手术登记，或者清点门急诊手术单。但由于不同科室对"手术"的理解不同，往往会漏报。医院信息化之后，通过 HIS 中的项目查询，可以很方便地统计到门急诊手术例数，只需要明确哪些项目属于手术。在对项目进行梳理的过程中，甚至可以区分手术和操作、普通手术和微创手术、内镜检查等类别，以此满足不同的统计要求。但如果要进行不同医院之间的比较，则必须统一标准，否则将毫无意义。

## 三、住院业务统计

### （一）出入院人数统计

1. 定义

（1）入院人数

经医生同意住院，签发住院证，并办理入院手续入院分配床位的人数。

由于病人病情危急，虽经门、急诊签证住院，但来不及办理入院手续已先进入病房或手术室者，均作为住院人数统计（不以住院是否满 24 小时做标准）；由外院转来者应作为入院人数统计。

（2）出院人数

出院人数指住院后出院的病人和非病人的人数总和。非病人包括正常分娩及未产出院的产妇、经检查无病出院者、未治出院及健康人进行人工流产或绝育手术后正常出院者。

住院业务乃至医院业务中，最重要、最客观的统计指标就是出院人数。特别是在住院病案管理步入规范化以后，出院人数就成为最可靠的业务统计指标。因为每一个出院病人必定对应一份出院病案，也有相应的病房工作日志记录，经过了多个环节的反复核对，出错的概率非常低。

（3）离院方式

在 2011 年修订的住院病案首页中，将以往沿用多年的"出院情况"（治愈、好转、未愈、死亡、其他）取消了，改为"离院方式"（医嘱离院、医嘱转院、医嘱转社区卫生服务机构/乡镇卫生院、非医嘱离院、死亡、其他）。这样的修订使住院业务信息更为客观。因为"出院情况"的填写并没有客观的标准，不同医生的要求不同，填写结果就可能不同，只有"死亡"是客观的。所以，由此统计而来的"治愈率""好转率"并没有很大参考价值。"离院方式"则完全摒弃了主观判断，使医生能明确选择，而不容易出现有争议的结果。不仅如此，不同离院方式反映了治疗的效果，对医疗水平的统计具有积极意义。

2. 统计方法

统计出入院人数最重要的一点，就是明确出入院时间，因为这影响到病人的出入院应该计入哪一天，甚至影响到病人是否算出入院。严格来说，出入院时间应该与住院病案的体温单记录一致，因为这是与住院流程相对应的：一旦入院，首先就会检测基本生命体征，包括体温、脉搏、血压等，而且每天会定时检测并记录；一旦出院（不论是医生下医嘱出院还是自行离院），相应的检测即不再进行，而且会在体温单上做"医嘱出院"或"自行离院"的记录。可以说，体温单就是确定出入院时间的金标准。

具体来说，出入院人数的统计是通过病房工作日志来完成的。传统日志的填写由护士参照记录本手工完成。医院信息化之后，日志的填写可以在 HIS 的住院护士工作站完成，内容与手工填报一致，但不必再一个个填写、计算，HIS 可以根据出入院的办理时间抓取数据，护士核对无误即可。

但是电子化的病房工作日志仍然可能出错。主要的原因就是未能确定以什么时间作为出入院时间。在结构化的电子病历实现之前，体温单的数据无法抓取，因为都是护士手工记录的。因此必须找到一个最为接近的时间。入院时间不能取在住院登记处办理入院的时间，因为多种原因（最常见的是没有床位），很多人办理了手续并不入住或不会马上入住；最为接近的时间是到了病房分配床位的时间。出院时间不能取在住院登记处办理费用结算的时间，因为存在欠款的问题，有病人长期并不结算；最为接近的时间是护士录入"出院"医嘱的时间。

这些时间在护士工作站进行操作时都有所记录，因此轻易可以获得，也是最接近于体温单的时间。当然，实现了结构化的电子病历后，将会有更为准确的时间可以取用。但在这之前，可以参考上述做法。

## （二）住院疾病统计

疾病统计是医院统计重要的内容之一。了解疾病的数量、构成、疗效、费用等，能为配置卫生资源、医院管理、防病治病、医学科研等方面提供重要依据。由于住院病人有完整的病历记录，出院诊断有统一的 ICD 编码，因此对住院病人可以进行准确的疾病统计。

## （三）住院手术及操作统计

### 1. 住院手术统计

住院手术一般是指在手术室进行、有专业麻醉医师参与、严格消毒的大型手术。这样的手术体现的技术含量、医疗水平都远高于门急诊手术，均按手术台数来统计。

住院手术的数据来源于手术安排：科室提交手术申请单，经手术室确定好具体手术间和时间后，通知医生。手术完成后进行登记，临时取消的手术则取消之前的安排，不登记。

传统的手术情况统计工作就是根据手术安排通知书和手术登记的内容手工完成的。信息化的住院手术统计则改变了原来靠手工登记的方式：在 HIS

中建立手术麻醉子系统，手术安排、管理、统计都通过电子化实现，不但可统计手术台数，还能统计麻醉例数，以及按主刀医生、助手等分别进行统计。结合 ICD 编码，可对手术类别进行统计。同时可加入手术分级标准，使分级自动化，可避免不同医生或医院分级标准不统一的问题。

2. 住院手术操作统计

住院病人除了在手术室完成大型手术外，在病房往往会进行一些操作类检查和治疗。特别是内镜手术和介入手术等微创手术的开展和成熟，很多以往需要在手术室完成的高难度手术也能在科室内部完成了。这时，仅统计手术室的手术量显然是无法满足需要的。如何准确统计手术操作成为新的问题。

虽然有部分学者认为非手术室完成的大型手术不应计入手术范畴，但是不可否认手术操作与药物治疗或仪器检查等是有区别的，技术含量更高。而微创手术作为新兴的医疗技术，也是多方关注的焦点。因此手术操作的统计越发显得意义非凡。

因为病案首页记录有手术操作的时间及名称，包括了各类手术及操作，并且有对应的 ICD 编码（目前我国统一使用 ICD－9－CM－3），因此通过首页的电子管理即能快速统计手术操作。《医院工作报表（住院部分）》中也有相应的内容，可统计手术总次数、手术人数，还能根据切口类别及愈合情况、手术分级、择期手术与否分别进行统计。利用 ICD 编码，还能在病案首页管理系统中对特定手术进行统计。

另外也可以参考前文所述门急诊手术统计的方法，直接在 HIS 中统计手术操作的项目。

3. 医疗技术分类与手术分级

手术和操作属于具有较大风险的医疗技术，一直是医疗安全和医疗质量关注的重点。为加强手术和操作的管理，各地专家学者都在研究如何建立手术准入和管理分级制度。

（1）医疗技术分为三类

第一类医疗技术是指安全性、有效性确切，医疗机构通过常规管理在临床应用中能确保其安全性、有效性的技术。

第二类医疗技术是指安全性、有效性确切，涉及一定伦理问题或者风险较高，卫生行政部门应当加以控制管理的医疗技术。

第三类医疗技术是指具有下列情形之一，需要卫生行政部门加以严格控制管理的医疗技术：

①涉及重大伦理问题；

②高风险；

③安全性、有效性尚需经规范的临床试验研究进一步验证；

④需要使用稀缺资源；

⑤卫健委规定的其他需要特殊管理的医疗技术。

第一类医疗技术临床应用由医疗机构根据功能、任务、技术能力实施严格管理。第二类、第三类医疗技术的临床应用管理工作分别由省级卫生行政部门和卫健委负责，其对应的医疗技术目录也分别由省级卫生行政部门和卫健委制定公布。

（2）手术分级

根据风险性和难易程度不同，手术分为四级：

一级手术是指风险较低、过程简单、技术难度低的普通手术；

二级手术是指有一定风险、过程复杂程度一般、有一定技术难度的手术；

三级手术是指风险较高、过程较复杂、难度较大的手术；

四级手术是指风险高、过程复杂、难度大的重大手术。

由于《医疗技术临床应用管理办法》对于手术分级仅做了大范围的划分，而且均为主观描述，具体如何实施，每种手术的级别如何界定，并没有做出详细客观的规定。部分地区在该管理办法的框架下制定了更为详细的手术分级管理规范。在实际工作中，为便于操作和统计，越来越多的医院将手术操作的ICD编码进行分级标注，从而实现在手术操作编码时自动分级。需要注意的是，在对ICD编码进行标注的过程中，对《医疗技术临床应用管理办法》的手术分级规范要有准确把握和统一认识，否则可能出现在不同医院或不同地区之间，同一个手术分级不一致的问题。

# 四、医技辅助科室业务统计

传统的医技辅助科室的业务统计方法是由业务科室人员手工登记，定期清点后，在统计部门设计的报表中填写统计数据，再报送统计部门。

## （一）医技科室业务报表设计

由于科室多、项目多、工作量差别很大、计量单位不统一，因此对医技辅助科室的业务统计容易显得杂乱。这需要统计人员与业务科室反复沟通，熟悉科室业务，合理设计数据表，尽量反映各科工作特点。一般来说，医技科室业务报表的要求与统计表基本一致，应包括标题、表格、备注三个内容：标题应写明时间、科室、主要内容；表格应特别注意表头的设计，要简洁明了，表格线条可比普通统计表多，以免填错行；备注需写明填报时间或统计口径等注意事项，便于填报者操作。

（二）医技科室业务报表信息化

建立基于 B/S 结构（Browser/Server，浏览器/服务器模式）的网络报表系统，可以让各业务科室在电脑客户端填写报表，数据直接接入服务器的数据库，自动生成台账或其他对比报表。这样不但减少了院内报送数据的人力，更可以避免数据的多次重复录入，大大提高工作效率。而且通过客户端与服务器数据库的数据交互，科室可随时查看报送的数据，便于核查数据。

医院信息化之后，医技辅助科室的业务统计应该尽量通过 HIS 的业务流程记录汇总统计，这样不但能减轻各科登记的负担，而且数据来源于业务发生的记录，避免了手工登记可能出现的失误，业务变更后也容易重新汇总统计，比手工登记更为准确。统计人员应参与 HIS 的建设过程，将统计需求形成自动化报表，同时可自定义组合搜索查询，以便灵活统计各类业务。

# 第三节 医院会计核算中统计学应用

目前，随着社会的发展，在一般的财务会计工作跟成本会计工作中很好地融入了统计学这一门使用科学的计量方法跟预测方法。随着医疗体制改革的不断深化，在实现医院会计核算工作的过程中迫切需要使用统计学方法，在医院会计核算工作的过程中使用统计学是医保制度逐渐完善的核算标准。同时有效地使用统计学可以促使日常财务制度核算准确性得到保障。所以医院会计核算中统计学的应用是医保制度完善的核算标准，同时也是医院财务精细化管理发展的主要体现。在实际工作中，医院进行会计核算的时候需要很好的使用统计学，所以是要做到统计基础知识的普及以及人员构成的调整，并且还需要促使医院管理会计信息系统得到完善。

随着我国经济改革的不断深化，现代企事业单位逐渐迈向国际化发展趋势。在实际工作中需要研究和分析论证大量的会计问题。目前很多会计核算中只是使用简单形式的记账方法跟分析方法，对于企事业单位的发展造成直接的影响。所以人们正越来越重视实证会计的作用。在会计领域中统计方法的应用逐渐风靡。实证会计实际上指的是以传统会计为基础，对于其他学科的知识不断吸收跟借鉴。其中最为重要的就是统计知识，在使用统计方法的基础上分析处理大量的会计信息，对目前会计实务进行有效分析。服务于企事业单位经营决策，促使企事业单位在使用会计核算知识的基础上，实现企业的有效管理，并且实现企事业单位的可持续发展。

## 一、基础知识

### （一）统计学的发展情况

统计学学理研究起源于希腊亚里士多德时代，是一门较为特殊的学科。主要经历了以下三个阶段：第一个阶段是城邦政情阶段，第二个阶段是政治算术阶段，第三个阶段是统计分析科学阶段。随着社会的发展，在现代化国家管理跟现代化企业管理的过程中，统计学发挥的作用受到了广泛的关注。

### （二）统计学与会计学两者之间存在的关系

一般情况下，在进行数据统计分析使用科学分析的过程中，统计学跟会计学都是非常重要的内容。在经济领域使用的是会计学，这只是一个特定的区域。所以统计学的应用范围则比会计学广泛，但是对于经济管理科学来说，会计学跟统计学均为其非常重要的组成部分。收集统计数据、分类整理数据以及研究分析数据是统计的主要作用。当然跟会计学一样统计学也有掌握客观现象发展规律的作用。在社会经济领域中不管是会计学还是统计学都作为非常有用的统计计量方法而存在。但是两者又相对独立。在实际工作中，对于一般的财务会计工作以及成本会计工作，都很好地融入了统计学计量方法分类预测方法。所以统计学与会计学之间的关系可谓是相互影响，相互促进。

## 二、医院会计核算中统计学应用价值

### （一）是改革医疗体制的主要核算基础部分

目前，我国逐渐实现医疗体制改革的大力推进，明确提出医药分开原则。所以医院的财务工作人员需要完成医药的分离核算，也就是说单独来列出药品的收入跟药品相应的支出，在开展会计核算工作的过程中，需要第一时间从医疗收入跟医疗支出中分离，核算药品的收入跟药品的支出这两个部分。医院跟其他企事业单位不同，医院的药品种类繁多，规格也不是统一的，并且无时无刻不在发生相对应的经济业务。所以就需要在分类收集、汇总、分析数据的基础上大量运用统计学方法。最后实现医院核算制度的进一步完善。要求在进行药品库存管理的过程中，医院是不能够积压过多药品的，同时，医院也不能实现零库存管理。所以就需要按照 ABC 级来划分药物，准确记录药物的季度使用情况，同时还要计算药物的保质期限和药物的重要程度，在使用用量统计方法的基础上，准确纳入各级药品特质完成数据模型的构建。这样一来，各种药品的最佳库存量就可以得到明确，并且促使医院实现有效的经济效益和社会效益。

（二）是日常财务制度的核算保证条件

在医院会计核算过程中很好地使用统计学方法，这是保证医院在实际过程中财务管理工作有效开展的基础条件。医院存在非常复杂的日常财务管理工作内容，例如：药品的收入跟支出、各项成本费用开支以及医生开单次数等科目。医院在完成各个科目复式记账的时候很好地按照权责发生制来完成核算，依照权责发生制来完成核算工作其实质上是通过统计的方法完成，在使用统计方法的基础上，可以促使数据分类统计核算工作精确完成。

（三）是完善医保制度的核算基础要求

想要完善我国医保制度，最为基础的一项工作就是进行医院会计核算，主要是将统计学很好地应用到医院会计核算工作中去。分析目前我国医疗保障制度情况得到，我国医疗保障制度逐渐趋于完善，存在非常多的医保种类。所以在实际工作中，作为财务工作人员需要单独列出各类医保病人的门急诊收入报表数据以及住院医疗收入报表数据等。在上述的基础上，对各类医保病人治疗产生的医疗费用进行有效分析。进而完成相应的会计处理工作。单独核算，在就医过程中各类医保病人所产生的各类费用，在统计过程中需细心谨慎，不要遗漏任何一项有效的数据。这样一来就可以满足医保制度完善发展的标准。在统计实际数据的基础上，确定看病买药的费用合理范围。引导医院进一步降低费用，进而很好地服务于各类医保病人，并且单病种结算部分病种住院费，在上述的基础上合理利用社保基金。与此同时，医院的重要医疗收入还包括医保局的医疗费用划拨。在实际工作中，需要分类统计各种类型的医保费用，在上述的基础上促使医院权利以及义务的明确划分。目前各个医院遇到最为棘手的问题就是医保拒付问题。因为医院流动资金中拒付费用占的比例非常大，拒付费用会直接影响到医院医疗工作的正常运转。所以在实际工作中需要系统调查医院医保拒付的突出问题，例如存在哪些拒付费用，拒付的金额为多少，医疗费用结算的时间等。在统计分析相关数据的基础上使用 SPSS 软件完成统计数据分析。在上述的基础上，派遣专家来针对性分析，并且提出相关的建议，争取促使医保拒付问题得到有效解决。

（四）医院财务精细化管理的具体体现所在

医院财务管理工作的不断深化医疗体制改革中实现了精细化发展，与此同时，构建医院财务管理信息系统也是推进医院财务管理工作转向精细化发展趋势的主要原因之一。在实际工作中，对于医院的会计核算工作每一个环节，都广泛使用了统计学分析方法，这就是统计学在医院财务精细化管理的具体体现。主要分为以下三个部分进行分析：①第一个部分就是在会计资料整理的过程中有效使用统计学的数量管理方法。在医院财务会计进行存货计量的过程中，一般都会选择平均移动法。然后平均移动法的基本原理指的就是统计学的平均数原理。②第二个部分指的是在实际工作中，财务部门对财务信息进行分析，在分析的过程中会涉及非常多的统计原理。最为主要的就是以统计指数为基础的环比分析跟同比分析。③第三个部分指的是各个医院需要在会计分析的基础上顺利掌握市场行为，所以完成统计学为基础的管理会计。这实质上是各医院经营管理的日益精细化表现，在使用管理会计信息数据的基础上，获得跟决策相关的经济数据，帮助企业高层决策人员得到最为有效的决策参考依据。例如，在进行成本预测和设备采购可行性分析的过程中使用统计学中的趋势分析预测模型。

# 三、在医院会计核算中推进统计学的应用措施

（一）实现统计知识的广泛普及，完成人员构成的有效调整

在实际工作中医院大部分部门统计工作跟会计工作存在以下特征：各自为政以及相互分离，大部分统计工作人员根本看不懂会计报表。所以想要将上述存在的问题解决掉，那么就是要集中强化训练常用的统计方法，并且还要实现统计知识的普及。就是会计工作人员以及统计工作人员顺利掌握相关

基本概念，并且掌握统计分组的基本方法，对于统计分析过程中较为常用的相对指标跟总量指标也需要集中强化训练。在实际工作中争取普及以及强化通俗易懂的基本知识，这使会计人员和统计人员基础知识能力得到提升，实现基本知识的边学边用。主要的就是在会计核算工作中尽量组建统计人才队伍。与此同时，对于会计人员学习统计知识来说，也需要对应的统计人员实现会计知识普及力度的强化。在实际工作中，会计人员负责提供统计核算中的价值指标，之后统计人员需要按照会计相关价值指标完成进一步的调整使用。也就是说，需要统计人员协助会计人员来共同完成财务分析报告的制作。可以促使统计与会计之间所存在的互补优势最大程度地发挥出来。

### （二）促使医院管理会计信息系统进一步完善

目前管理会计信息系统最为主要的职能就是分析跟处理那部分会计跟统计有机结合的相关信息资源。在日常收集以及分析利用医院信息资源的过程中，管理会计信息系统所发挥的作用是不可替代的。医院是一个非常独特的企事业单位，跟其他的企事业单位存在本质的区别，例如医院需要涉及繁多的经济业务，信息数据量也非常庞大。所以在实际工作中想要满足数据统计分析的标准，单单只是依靠人工数据统计分析，是很难做到的。迫切需要完成医院管理会计信息系统的有效完善。在使用会计信息系统的基础上，统计会计核算处理医院内外部各种信息数据，促使医院的事务预测功能以及财务分析得到有效的强化，并且还可以促使医院的控制功能得到提升。

随着我国市场经济的不断发展，在原有的基础上提升了科学技术水平。在医学领域，不断深化发展着医疗体制改革工作，同时还存在日益结合医院财务管理工作中的统计，跟会计方面内容趋势。在实际工作中，应争取最大程度地发挥政府与医院等部门的努力，争取在医院会计核算过程中很好地使用统计学知识，为我国医院会计核算工作另辟蹊径。

# 第四节　医院档案管理的统计学应用

医院档案是记录和保存医院行政管理工作的载体以及医疗、科研、教育等各项工作查考的凭证，具有重要的价值。医院的档案管理工作涉及医学、管理学、统计学以及信息化技术等很多种学科。近年来，随着医院改革的进程的推进，统计学在医院管理中的作用越来越受到重视，尤其是在病历档案管理工作中应用价值较高。合理运用统计学方法，可以有效提升医院的管理效率和管理水平，对医院的现代化建设和医院改革大有裨益。

近年来，医院档案收集整理工作日益加重，借阅数量也呈上升趋势。因此，做好各类档案的登记与统计，及时发现、分析、总结其规律，是促进档案开发利用的重要一环，而且统计学应用效果关系到医院档案工作的效率和质量。统计学是一门综合性学科，是应用数学的重要组成部分，通过使用数学概率论等来建立数学模型，收集被测系统的数据，对数据进行量化分析、总结，进而作为医院管理决策的有效依据。

## 一、统计学在医院档案管理中的作用

统计学在医院的日常管理工作中有着不可或缺的作用，医院档案管理过程中运用统计学方法，能够如实体现医院各部门的客观情况，较为全面地为医院档案的登记、保管、借阅、使用等提供更加客观有效的数据。

第一，运用档案统计为医院管理者和决策者提供了重要统计数据信息，有助于做出正确发展决策。借助统计手段，可对医院某一阶段的发展效果和工作开展情况统计数据化，进而分析管理效果，不断改进管理方法。

第二，有助于促进医院的人事行政管理的高效化。合理运用统计学方法，更清晰地分析医院人员现有情况，量化掌控人事运行，实现医院人事招聘、医务人员的管理等有序高效进行。

第三，促进医院的临床门诊等管理的信息化、科学化和高效化。通过对医院的门诊人次、住院人次、患者满意度、病床周转情况以及诊断治疗有效率、病死率等的统计，尤其是病历档案的病种统计，进而分析医院医疗服务工作水平如何，更明确掌握医院的质量控制工作，有利于不断改进和提升医疗水平和服务质量。

第四，有效提升医院管理的规范化、信息化、科学化、高效化。统计档案一方面为医院提供系统、全面的医疗统计信息，另一方面能及时、准确地从统计档案中提取各种统计资料，提升医院发展水平。

## 二、统计学在医院档案管理中的应用

统计学在医院各个部门管理工作中皆有涉及，本文主要浅析统计学在医院人事档案、病历档案等几方面中的应用。

（一）统计学在医院人事档案管理中的应用

在医院的实际人事管理中，对医院人员的基本情况进行收集、整理，并在计算机人事管理系统中输入，形成人力资源管理的基础数据，对医院的人员变动以及职称、学历等改变予以及时准确的记录和统计，使用这些统计数据，形成一定的统计表格和台账，便于深入了解医院所有的医务人员的学历水平、医院的整体学历结构、科室的科研水平能力、继续教育状况以及业务水平等情况，从而形成科室的和个人的业绩数据库，便于奖惩制度的实施。同时，医院管理者借助人员信息统计报表，可清楚掌握医院的每学科的技术结构和能力，从而合理调整各专业的人员设置和用人计划，借助人员学历、职称、年龄等结构统计报表以及工资收入统计台账，有效实施医院医务人员的队伍建设，优化医院人才结构和知识结构，进而提升医院的学科建设水平和医疗服务质量。

（二）统计学在医院病历档案管理中的应用

病历档案医院管理的一种特殊档案形式，病历档案是医务人员对疾病的诊疗过程加以记录，从而形成有效的文献，记录患者发病、治疗过程中病情诊断以及护理和治疗，对患者发病治疗全过程予以系统记录，进而做出准确的治疗和护理质量评价，医院科研教学、临床诊治以及管理活动都不可缺少病历档案。医院工作实践中，可利用统计档案资料编制各类型的统计图表。比如，医院年份卫生统计资料汇编、年度住院患者病因分析表等；住院患者疾病分类报表、住院患者地区分布表，还可借助统计台账编制医疗质量统计表以及医技科室统计表等，还可根据医院实际开展相应的患者满意度调查，形成统计表，直观反映医院患者对医院的满意度和医院医疗水平状况。整理医疗质量分析表，如各临床科室的医疗质量分析、工作效率和效益对比台账以及医院单病种费用统计等信息统计表，便于对各科室进行考核。同时，各科室结合住院患者人数、病床使用率、周转率、手术台次等统计信息，分析科室工作的效率和不足之处，从而做出调整和改进科室医疗水平。近年来社会上对档案的借阅频次也呈增长趋势，利用统计手段，将医院档案分类管理，条目清晰，形成年份、地区或者病种相应的档案卷，并借助现代化的查阅电子信息化系统，更好地服务于社会查阅。统计抽样方法在病历档案管理中应用广泛，即把研究对象视作总体，从中抽取部分个体，并开展调查研究，结合研究结果对总体特性予以评估推断。首先，入馆前抽样。病历档案在入馆前，采取非概率抽样鉴定法从大范围文件系列中择取最有价值文件；采用概率抽样鉴定法从某一个大文件中择取小部分文件。然而，工作量太大，实际操作复杂。比如医院每年肺炎感染患者资料的筛选，需要结合文件是否具有价值而定，病历档案工作人员可以客观判断加上主观推断择取保留档案。对于诸如病例相似的手足口病患者的档案就不必全部保留，可结合需要抽取样本。这样既能抽取反映大文件重要特征的小部分文件，还能提升档案库房管理效率。其次，库房的抽样检查。对库房所藏案卷状况予以定期检查，掌握案卷使用、贮藏、保管等情况是否正常。由于库房盘点工作量大、病历档案多，运用统计学抽样方法可达到事半功倍效果。比如，医院库房一般按照年份和档案类别排架。那么年度排架可将同一年份中的档案排列，进而年份内依各部门或档案类型划分类目。根据档案类型排架则可以把同类别档案集中排列，进而依据部门或年份予以分类。这样便于后期的分层抽样等工作的开展，只需简单推断、使用合理的统计方法便可清楚得出案卷使用、贮藏、保管等情况。

### （三）统计学在医院其他部门档案管理中的应用

对于医院的后勤服务同样离不开统计学方法，后勤部用统计数据和台账，可将洗衣房清洗工作服、被褥以及该科室相关信息归总成后勤工作表格，予以详细分类，便于提取各种数据、后勤服务质量的分析和评价，有条不紊地开展工作。同时，医院统计人员可运用统计数据向医院管理者清晰展示医院的财务报表，准确掌握医院的经济效益，进而调整提升医院的经营计划。总之，合理应用统计学手段，可有效对医院人、财、物流动进行控制和分配，合理配置资源，提升医院工作质量和服务水平。在管理实践中重视其价值，加强统计工作人员的业务技能培训，提升专业水平，发挥档案管理系统的应有作用，确保医院档案管理工作的有效开展，促进医院的可持续健康发展。

总而言之，在新形势下，医院需要加强人事档案管理的效率，使用科学的手段来管理人事档案，转变传统的人事档案的管理方法，使用现代化的人事档案管理手段，从而推动医院人事档案管理的科学发展，提高人事档案管理工作的效率，让医院更加适应新医改形势下医院人事档案管理的需要。

# 第四章 事业单位中统计学的实践与运用

## 第一节 事业单位统计工作的特点及作用

### 一、事业单位统计工作的特点

#### （一）事业单位统计工作是基础统计工作

事业单位的统计工作在实际实施的过程中是有双重任务的，这主要是指在实际工作过程中，事业单位不仅要完成本单位的统计工作，还需要根据相关的规定与标准，向其主管部门以及当地政府统计机构报送一些统计的材料和信息，从中可以看出事业单位统计工作所涉及的内容和流程都是相对来说较为复杂的，并且统计工作涉及的范围较广，在实际工作的过程中，一些部门对事业单位统计工作也提出了诸多的要求。事业单位在进行统计工作时，很容易受到内外因素的影响，产生一些变化性的数据，这在无形中加大了事业单位统计工作的难度和相关工作人员的压力。事业单位统计工作大多数都是一些基础性原始数据为主，原始数据所占比例是比较多的，事业单位相关工作人员在对这些数据进行收集和加工的过程中，会形成形式多样的数据，之后相关工作人员再将这些数据进行多方位的汇总，统计成报表的形式，向主管部门和政府统计机构报送。事业单位统计工作专业性是比较强的，这主要是由于事业单位所涉及的工作内容之间的差异性是比较大的，不同性质的事业单位统计工作的范围也是不同的，所以一些工作内容和工作形式方面具有较大的差异性，不同单位的统计工作需要有专业的人员来开展日常的工作，从整体上提高统计工作的有效性。与此同时事业单位统计工作还有层层报送的工作流程，最终反映的是我国当前社会的发展情况以及国家宏观调控的方向。因此相关工作人员在事业单位中进行统计工作时，一定要从统计工作的特点入手，提出有效的管理方案以及工作方案，从整体上提高事业单位统计工作的质量。

（二）事业单位统计工作是本单位管理的重要组成部分

科学而有序的统计工作，有助于从整体上提高事业单位的发展水平，也是事业单位源源发展的动力之一。在进行统计工作时，相关工作人员可以结合统计的数据进行事业单位的管理工作，事业单位主要是通过统计工作反映发展的实际情况，相关工作人员结合事业单位自身的发展特点以及发展现状，对一些影响的客观因素进行集中地分析，从而及时地发现存在于事业单位发展过程中存在的问题，这样一来可以对一些薄弱的环节提出针对性的解决措施，促进事业单位的良好发展。事业单位统计工作是进行管理的重要手段，可以为管理人员的日常工作提供重要的支撑以及依据，并且利用统计数据也可以完善事业单位原有的管理模式以及管理方法，从而使得事业单位管理工作能够有序进行。

（三）事业单位统计工作依赖于统计人员的素质

在大多数的事业单位中，负责事业单位统计工作的人员主要分为专职和兼职的，并且我国相关法律法规对事业单位统计工作人员也进行了明确的规定，要求从事统计工作的工作人员要具备专业知识，并且具备执行统计任务的能力。统计人员需要结合自身的专业素质提高自身的业务胜任能力，根据自身所掌握的专业知识进行日常的工作，并且在岗位中还要不断学习一些新的知识，提高自身的专业水平以及专业素质，从而满足实际工作的需要。由于各个事业单位在工作性质方面存在着较大的差异，所以统计人员在实际工作过程中需要结合事业单位的发展现状以及发展特征制定完善的统计工作模式，在统计工作中主要涉及的是统计、经济和计算等方面的内容，统计方面的知识作为重点内容，以统计知识为主，其他知识为辅，保证事业单位统计工作的有序进行。与此同时，统计方面的知识发展速度和更新速度是比较快的，相关工作人员在实际工作的过程中，应当加强对一些新统计知识的学习，从而良好地应对一些不熟悉的工作内容，适应当前事业单位发展的新需要。另外，还要求统计工作人员具备完善的职业道德规范，具备良好的道德情操以及道德品质，对自身的工作行为进行良好的约束。事业单位统计工作人员在日常工作的过程中，应当遵循有关统计工作方面的基本道德以及职业规范，并且提高自身的自律能力，在日常工作的过程中，统计工作人员要做到实事求是。

## 二、事业单位统计工作的作用

### （一）对事物客观状态的反映职能

事业单位统计工作既是我国政府统计工作的重要组成部分，也是基础部分，事业单位统计工作水平的提高，有助于推动我国统计工作的良好发展。事业单位既是基层单位，也是众多统计工作的重要起点，事业单位的统计数据能够多方位地反映事业单位在当前时代下的经济发展情况以及所面临的挑战，对统计数据进行深入的分析以及研究事业单位发展中的问题，相关工作人员在对这些数据进行分析之后，就可以及时地发现存在于事业单位管理模式中的问题加以纠正，从整体上保证社会经济事业的健康发展。从中可以看出事业单位统计工作能够对事物客观状态进行多方位地反映，从而给实际工作带来重要的支撑。

### （二）对社会经济的监督职能

由于事业单位统计工作可以在一定程度上反映当前社会经济的发展状态以及发展方向，所以在统计工作完成之后，相关工作人员可以结合统计数据的特征以及内容，了解当前社会经济运行情况以及事业单位本身的情况，方便工作人员对事业单位的发展进行良好的监督，这样有利于对社会经济的运行情况进行实时的监督，也方便工作人员对事业单位进行民主性的管理。另外在一些事业单位统计工作中，在完成统计工作之后，相关工作人员还要做好数据的透明公布工作，有利于发挥群众的监督作用，提高事业单位社会事务和管理的水平。事业单位统计工作还可以对社会经济运行过程中的问题进行有效的识别以及分析，相关工作人员可以结合统计数据，推动我国社会经济的良好发展。

### （三）支持社会经济决策的职能

在事业单位统计工作中，能够对一些客观事物进行深入地识别以及分析，也给实际工作带来重要的影响作用。例如事业单位统计工作对客观事物发展规律进行揭示，可以提高决策的科学性，统计结果反映了经济社会运行情况以及各个事物在发展过程中所表现的规律和趋势，相关管理人员可以结合这些内容提高自身决策的科学性以及有效性。

# 三、提高事业单位统计工作效果的措施

## （一）加强事业单位统计工作的重视程度

为了保证事业单位统计工作的有序进行，工作人员需要从事业单位统计工作的特点以及作用入手，提高事业单位统计工作的有效性。首先，在实际工作的过程中，相关领导人员要加强对事业单位统计工作的重视程度，规范工作人员的日常工作行为，事业单位领导人员要将统计工作作为单位经营管理的重点以及中心，相关统计工作人员也要提高自身的专业水平以及职业素质，很好地解决在事业单位统计工作中面临的问题，并且对事业单位统计工作模式进行适当的创新，提高事业单位统计工作的真实性和可靠性。其次，事业单位要结合统计工作的需求以及要求，加大制度的建设力度，在实际工作过程中，要严格按照国家的相关规定来开展日常的统计工作，从整体上提高统计工作的规范性以及合理性，相关管理人员还需要在事业单位内部向员工宣传有关法律法规的内容，开展针对性的宣传教育工作，从而使得每一个统计工作人员能够认识到自身的工作职责，严格按照国家相关法律法规来规范自身的日常行为，增强职工工作人员的法律意识和责任意识。在事业单位统计工作中，由于所涉及的内容是相对来说较为复杂的，事业单位对统计工作的要求也比较高，所以在实际工作的过程中，为了减少在统计工作方面所存在的失误，相关管理人员需要加强对整个统计工作的监督以及管理，对在统计工作中很有可能出现的问题提出针对性的解决措施，并且还要加强对重点工作环节的重视程度，将统计工作纳入日常的管理和领导中，更加科学而耐心地进行事业单位统计工作，从整体上提高事业单位统计工作效率的提高。

## （二）建立健全事业单位统计工作制度

为了保证统计工作能够具备科学性和合理性的特征，相关管理人员还需要建立健全事业单位统计工作制度，从而保证各项制度能够完美地落实。事业单位统计工作除了要完成自身统计工作之外，还要协助地方政府或者是上级主管部门开展日常的统计工作，工作人员需要尽可能在实践中搜集一些原始资料，将这些原始资料进行全面地整理和分析，将科学的统计数据报告给地方政府或者是管理部门，从而为统计工作带来重要的支撑。为了体现事业单位统计工作的作用，相关管理人员需要对事业单位统计工作制度进行健全和完善，结合台账管理制度，按照统计工作的要求，对相关数据进行全面地收集以及分类，结合事业单位对统计工作的要求建立台账。另外，还需要建立健全单位统计工作的监督管理制度，既可以从整体上提高事业单位统计工作的科学性，还可以将统计工作的管理制度落到实处，对原有管理制度进行全面地创新。相关管理人员需要按照事业单位经营管理外部环境的变化以及事业单位内部发展的需求，明确事业单位统计工作的主要内容以及重要的方式，例如随着我国当前互联网技术的不断发展，国家大力提倡互联网的新型发展模式，事业单位统计工作人员可以利用当前先进的互联网技术和新媒体技术，扩大自身的工作范围，对传统统计工作的形式进行有效的创新。统计工作人员在开展一段工作之后，要利用互联网技术对自身的工作过程和工作成果进行全面地反思以及分析，找到不足之处，并且提高自身的专业素质，保证事业单位统计工作有序进行。

# 第二节　事业单位财务工作中统计分析的应用

随着我国经济社会的不断发展和进步，事业单位财务管理工作内容也更加细化。社会需求不断增加的前提下，事业单位财务工作对事业单位的科学管理和正常运行起到了重要作用。事业单位对财务工作的依赖性增加，相关工作要求更为严格，促进了统计学和财务管理的有效融合，促使财务工作高效开展和运行。财务管理统计分析所作出的数据分析和相关报表对单位决策和未来发展规划等有着重要影响，对单位发展具有重要意义。但实际来看，很多事业单位对财务工作重视度不高，也未能做好统计分析工作；部分事业单位高层管理者的思维局限，导致财务统计分析工作单一固化。新时期，要保证事业单位决策的有效性和未来规划的科学性，就必须关注和重视事业单位财务工作和统计分析状况，保证统计分析工作更好地发挥效用，通过财务工作的高效开展解决自身存在的问题，促进事业单位更好更快发展。

## 一、事业单位财务工作中统计分析的重要意义

### （一）有效提升事业单位资金预算水平，提升决策科学性

财务管理水平直接影响事业单位的财务分析能力，对其经营能力也有重

要影响。财务工作中统计工作内容包括对事业单位未来规划、发展资金预算和财务管控监控等，以保证事业单位各项财务工作都在法律许可的范围内进行。结合事业单位财务预算相关工作的准备和实施来看，事业单位内部财务预算方案的规划和制定与财务工作中统计分析工作息息相关。财务管理中的统计分析工作是基于事业单位实际经营情况所产生的财务数据进行分析，表明数据分析是基于实际且符合事业单位发展所需，对事业单位科学预算能够起到重要作用。在统计分析工作过程中加强财务管理监督管控工作，完善监督管理机制，能够确保财务管理工作的每项工作得到贯彻落实。如果发现此过程中存在不良或不法现象，则要采取相应的惩处措施。

### （二）帮助事业单位有效分析自身经济状况和资产负债情况

财务管理工作涉及事业单位的方方面面，财务工作能否确保每一工作环节都能落到实处，对事业单位的科学经营和战略规划等都产生了重要影响。财务管理工作涉及业务范围广，相应的统计分析工作也必须渗透到事业单位各项工作中去。事业单位财务工作中统计分析不仅包括财务预算情况的分析统计，而且还要深入了解资产负债情况。

统计分析工作的开展能够帮助事业单位管理层更充分地了解单位经济情况和资金流动情况，为管理层做出科学决策、明确未来战略规划等提供准确的数据支撑；事业单位管理层人员能够通过财务工作的统计分析提供的信息进行资料分析，推断出当前单位资产利用情况、资金周转情况等，明确事业单位的财务风险并有效规避。统计分析能帮助事业单位对未来发展趋势做出有效预估和科学评判，统计分析所产生的数据信息也可以与前期数据进行对比分析，帮助事业单位管理者判断单位发展和变化规律等。

### （三）引导管理者了解财务成果，深刻认知事业单位发展过程中存在的问题

财务管理中的统计分析工作对促进事业单位科学健康发展具有重要价值。科学技术水平的不断提升，促进财务工作中统计分析方法多元发展。统计分析方法的不断完善能够促进事业单位财务信息与其他信息的有效融合，引导管理者更好地了解财务成果，促进事业单位资金的利用、调动、组织方面更具协调性，帮助财务管理工作更好地发挥其效用。事业单位财务管理面临着经济支出和收入，通过财务管理中统计分析工作，能够帮助单位了解内部资

金收支情况，直观了解事业单位的财政状况，并为收支结果深入分析提供助力。事业单位管理者通过统计分析了解财务状况以及收支情况相关数据后，能够及时发现单位所面临的财务问题，并针对存在的问题实施有效的解决措施，依据实际情况建立和完善更适宜事业单位发展的财务管理制度，有效提升事业单位财务管理工作效率。

## 二、事业单位财务工作中统计分析具体应用有效措施

（一）建立并完善财务统计分析机制，基于综合因素呈现财务情况

事业单位开展财务统计分析工作，需要结合社会需要和自身战略发展目标，结合财务状况建立起适合事业单位的财务统计分析机制，帮助事业单位管理者了解并明确事业单位内部经营状况和财政情况。为促进事业单位财务中统计分析工作效率的不断提升，还需要加强财务部门与其他部门沟通和交流体系的建设，强化财务部门与其他部门的协调能力，保证当财务管理部门有需求时，其他各部门能够及时、准确地提供本部门相关信息数据，以供财务统计分析工作的顺利开展，提高财务统计分析工作的整体协作性。

（二）优化完善财务工作统计分析方法，促进方法多元化运用

统计分析相关工作环节，需要相关工作人员在处理业务时保持客观态度。需要针对实际需求，合理运用统计分析方法。例如，在利用指标分析法分析财务预算指标和实际完成情况时，如果二者存在差异，就需要科学、理性地分析存在差异的原因。结合实际情况，进一步运用比率分析法与上季度进行对比，重新考虑事业单位财政预算方法的可行性。如果计划与实际情况差距过大，就需要财务人员对后期的预算方案进行修正，保证预算目标的科学合理性。事业单位财务工作的指标内容包括基本财务状况指标、预算及预算执行指标以及运行绩效评价指标三个方面。

（三）提升统计分析人员的专业素质，根据所得结果判断财务趋势

财务工作需要具备专业知识理论储备的工作人员，运用统计分析方法，对事业单位内部财政状况进行深入分析和充分研究。需要注意的是，统计分析工作不单纯依靠计算所获取的相关数据来进行决策，这是不科学的。为促进事业单位更好发展，需要对各种财务数据进行深入分析，这就需要统计分析人员有效运用自身所具备的专业知识储备，并总结工作经验，对各种信息

进行客观分析，得出客观、合理的数据分析结果以供管理层参考。此外，统计分析人员不仅要对当前事业单位财政状况进行披露，还需要根据事业单位财务工作的统计分析结果得出的趋势分析方法，对项目的进展趋势以百分比的形式评估。根据趋势分析，财务工作人员可以发现项目不同时期的发展情况，并据此制定科学合理的财务工作计划。通过经费趋势分析可以发现本年度的经费使用情况与上一年度使用情况的变化，得出经费使用规律。财务工作人员需要找到经费使用高点与低点，分析其影响因素，从而平衡收支，提高预算执行水平，提高事业单位工作效率。

事业单位财务工作对事业单位的正常运转具有重要作用。财务工作中统计分析方法的科学、合理运用，对于事业单位未来发展和战略规划具有重要价值。财务工作中有效运行统计分析方法，有利于管理层充分了解当前财务运转情况和资金流动情况，为促进有效决策提供助力。随着社会的发展和进步，事业单位需要创新管理理念，不能故步自封，各项工作要与时代发展相结合，与先进的信息技术进行有效融合，以拓展财务管理职能，保证财务工作和统计分析工作能够更好地发挥作用，改进统计分析方法，促进事业单位财务统计分析方法取得更大成效。

# 第三节　事业单位统计与会计工作的协调运用

## 一、统计工作和会计工作的内涵与联系

### （一）统计工作和会计工作含义

第一，关于统计工作，是以货币和实物以及劳动量作为计量单位，然后结合观察方法以及综合指标等开展研究，对当前所开展的经济活动，从规模数量、结构数量以及效益等多角度进行合理计算，从而对经济发展过程中的相应规律特点进行总结。第二，关于会计工作，主要是以货币为计量单位，在货币的计价账户等过程中，选择使用相应的财务审核凭证、成本核算以及登记账簿等方法，针对经济活动所涉及的财务信息以及企业经营过程等进行记录。在这些内容记录过程中，有效的填制以及审核，对于会计工作来讲是极为重要的。通过对比不难看出，会计核算和统计核算两者在许多方面存在

较大差异。第三，在实际工作中，会计工作主要是面向企业经济活动以及组织等提供相应的服务，而统计是基于当前国家所开展的宏观调控工作给予服务。所以在具体的工作应用中，会计本身是价值形态的主要反映，而统计不仅对价值形态进行反映，并且还能够针对实物形态进行反映。总的来说，会计工作是拥有实质性和准确性等严格特征，而统计工作则具有及时性、全面性以及灵活性等特征。

## （二）统计信息和会计信息分离情况分析

目前，在我国经济社会发展过程中，统计信息和会计信息作为经济发展指标反映的最主要渠道，可以高效地对当前经济发展水平进行预测，并为相应的金融数据机构提供有效的数据支持，确保金融机构合理运作。但是，在当前的经济发展过程中，无论是统计还是会计工作，在数据信息处理过程中都存在这样那样的问题，特别是资源的浪费表现得尤为突出，导致统计和会计工作效率不断降低。当前，经济社会快速发展，企业经营面临的情况也在不断变化，最先感受到变化并受到影响的往往是企业的统计部门和相应的工作人员，特别是一些新组建的企业，在进行相应的会计或者统计填写过程中，缺乏较为完善的规范，这就容易导致统计指标的错误，而会计或者统计数据指标对于企业来说又是至关重要的信息依据，因填报的不准确而影响决策，必将影响到最终的工作质量和效果，工作中也会出现较为严重的资源浪费。

## （三）统计工作与会计工作的关系

不论是统计工作还是会计工作，都是我国经济社会管理过程中的重要工具，但在核算工作过程中，核算工作目标以及方法存在着一定的区别。尤其是对于基层单位来讲，在日常经营过程中需要进行数据分析，若是所获取的信息来源渠道是同样的，那么无论是统计工作还是会计工作都会互相融合。

而对于统计工作和会计工作来讲，在原始数据的获取方面，都主要是以货币为主要单位，能够对当前经济活动的实际状况进行反馈。而且统计工作和会计工作在获取信息过程中都针对的是有价值的信息，也主要是依据会计核算的相关记录所获取。而且在一些具体的研究工作期间，会计工作本身是基于资产和负债等内容进行研究的，而统计工作是从政策层面上对当前企业资产的分布开展研究，无论是时间还是地点所采用的方法都是不同的。

在进行工作人员配置方面，不论是统计工作还是会计工作，都是根据记录方式对当前基层的单位运营状况开展数量分析，这种获取的数据信息主要是以当前基层单位所开展的经济管理活动为依据的。这也就导致在开展实际的活动时，会出现统计工作人员与会计工作人员岗位重叠的状况，在这种情况下，统计工作人员和会计工作人员是需要一定的联系，并且保证在日常工作上的统一性。但是在统计报表的填写方面，则是需要根据实际情况将统计工作和会计工作进行清晰的界定，在核算的时候，无论是核算内容还是过程，都需要对统计和会计工作的关系以及职责进行进一步的明确，这样才能够使企业在日常生产经营过程中所呈现的信息更加真实。

## 二、统计在事业单位的财务工作中的运用优点

### （一）统计运用可以提高财务工作效率

目前，人们越来越注重学习统计学，因为统计能够对生产生活以及经营活动中的大数据进行科学地整理、收集和分析，然后专业人员根据统计分析出来的结果确定下一个步骤。而在事业单位的财务工作过程中使用统计分析法，能够对事业单位的一年中的财务进行收集，然后对所收集到的数据进行整理，相关的人员对数据进行准确的分析，而且在分析的时候还能够将市场中的发展前景分析出来，而这个市场的前景分析对于整个事业单位而言是非常重要的，能够帮助单位提出科学合理的发展方案，并且还能够促进事业单位的发展。

其实财务分析和统计分析之间有着密切的联系，也可以说两者之间有很多的相似之处，如果在进行事业单位财务工作的时候将统计分析学运用到上面，那么就能够将一些复杂的财务管理程序进行简化，这样更加有利于事业单位的财务管理现代化。最主要的就是将统计学运用到财务分析过程中，这样就能够提高相应的工作效率，对于事业单位的发展有很大的推动作用。

### （二）统计运用可以提高财务工作准确性

目前，很多上市公司在开展与财务相关的工作时，往往把统计分析方法运用到实际财务操作中去，这样能够帮助财务工作更快更好地开展，同时能够较大程度地提高财务工作准确率。但是在进行使用的时候，也是将会计工作进行了分类，一类是管理会计，另一类是财务会计，而在统计分析法运用

的时候也是分别运用到这两种之中。进行统计分析法运用的时候，企业如果主要是开展短期的经营活动，在进行管理会计工作的时候，一般根据标准差系数的计算方式来进行，目的是能够对成本进行预测。而在开展预测的时候，主要采用趋势预测模型，这样能够有效增加管理会计的实用性。在运用过程中，会对整个会计实务中涉及的所有数据进行统计，然后进行模型的计算，确保能够保障会计的实用性。另外一种情况就是将统计分析的方法运用到上市公司的财务会计实务过程中，上市公司在进行财务会计工作时遇到的主要问题是财务会计所涉及的数据比较复杂，同时需要处理的数据也比较庞大，所以需要采用统计分析法来进行简化，才能够更好地进行相关的工作。而在进行运用的时候都是将财务的三个静态要素与统计分析法中的时点指标相对应，这样才能够显示出上市公司中资金来源，同时财务会计的动态要素与统计分析法中的指标能够准确反映出资本金流量的规模，直接反映出上市公司运转过程中资金流动量的大小，有助于考虑下一步的分计划。财务会计在进行核算存货的时候会考虑到所涉及数量是不是自己所需要的数据，所以都会使用到统计的平均数，这种情况下开展的工作会更加的准确。

### （三）统计运用提高财务工作预见性

最后就是将整个统计分析法运用到单位的财务预测过程中，因为现在市场在不断地变化，对于资金的流向也需要进行调查，尤其是上市公司之间还会发生非常激烈的竞争，如果说想要在竞争过程中占有一席之地，那么就需要对现在的市场进行科学的预测，这样才能够将所有问题进行排查。而将统计分析法运用到现在的会计工作过程中能够对会计的数据进行分析和预测，也能够帮助会计人来判断之后企业的生产经营活动，还能够找到现在企业之中所存在的问题在哪里，对未来的计划提出比较准确地预测。

## 三、事业单位统计与会计工作协调开展的方法

### （一）加强统计人员和会计人员的工作协调性

目前，为使整个事业单位的统计和会计工作得到协调发展，首先需要从整体上去提高财务会计的工作效率和工作质量，要搭建平台加强统计人员和会计人员的沟通交流。通过两方工作方面的交流，确保工作能够更加协调地进行。其次就是相关部门的人员也需要进行相应的培训工作，因为只有不断

地强化培训，才能够保证整体素质的提升。建议统计与会计人员积极参加对方培训课程，更加了解对方的工作流程和工作内容，为今后工作顺利和协调开展奠定基础。

### （二）对两者的融合模式进行有效的构建

在现在的经济管理体系中，每个企业都需要进行有效持续地发展，而想要取得这样的发展，前提是需要会计和统计分析进行有效的融合，这样才能够让两者的优势达到最大。而想要让两者进行融合，就需要提高相关的工作环境，这样才能够实现对企业内部的有效管理。企业还需要根据自己的实际情况和当前市场上的实际需求来对这个融合模式进行有效的构建，在进行信息数据的收集和传输过程中要注意到数据加工的情况，只有这样才能够让会计与统计进行有效的融合。随着当前科学技术的不断发展，相关企业可以尝试利用计算机软件、互联网等现代化信息技术，为两者融合提供技术支持，通过对信息资源的合理利用，实现会计工作与统计工作的高效融合。通过信息技术进行统计和会计融合时，同时能够实现两者之间数据的共享，这就需要利用计算机技术建立一个共享平台，在平台上进行数据的共享，大大提高信息的使用效率和使用质量。

### （三）加强信息化建设

通过构建完善的信息化管理平台，可以让统计工作和会计工作的协调应用与融合更加顺利的实现，因为在当前的统计和会计工作实施过程中，已经逐渐变得越来越智能化。所以构建信息化管理平台，对于促进当前事业单位的统计和会计工作协调应用是具有重要作用的。

目前，很多事业单位开展了会计和统计工作的融合试点工作，主要目的是提高事业单位财务会计的工作效率和工作质量。通过分析研究可以看出，在进行融合过程中还需要创造合适的工作环境，同时需要积极利用先进的科学技术，实现信息共享，确保更好地利用各类信息，为工作决策提供依据。

# 第四节　统计方法在事业单位会计工作中的应用

## 一、统计核算及会计核算的含义

统计核算和会计事务核算是事业单位部门内部运行的重要内容。事业单位属于非营利性的社会部门，内部的资金大多是政府及财政相关部门拨款，因此对于内部资金的管理必须严格地遵循规章制度以及国家的法律法规。同时，事业单位的发展必须与社会主义发展方向保持高度一致，必须遵循社会经济发展方向。统计核算工作主要是进行事物数量的统计，进行信息的收集和分析，确定经济发展的方向。而会计统计工作则是针对资金情况，主要是以货币为单位，对事业单位日常活动、资产等进行管理。当前，随着事业单位的不断发展，统计核算工作与会计核算工作的目的已经实现了高度统一，都是通过对单位内部各类经济情况进行整合，从而了解单位的发展情况，为事业单位的下一步决策提供信息支持。

## 二、事业单位会计工作常用统计方法分析

### （一）比较分析法

在事业单位发展的过程中需要进行各种资金往来的处理，为了保证资金的往来明确，避免各种财务问题的出现，会计部门必须定期地生成财务报表，反映当下周期的单位内部财务状况，使相关人员能通过财务报表作出决策。在借助财务报表的基础上，还应结合科学的统计方法，对单位各项事务进行统计分析，增强决策的科学性。当前，比较分析法是事业单位常用的一个统计方法，可以针对财务报表中的内容，对各项指标和相对应的项目内容进行比较。相关的财务管理人员通常要结合事业单位所制定的前期发展计划、实施进度与实际所得的指标，进行横向或者纵向的对比，判断在一定的时间内是否能够完成目标任务，同时能够通过对比找到差距。通过比较分析法，财务管理人员能及时地发现目标差距的原因并进行解决，从而避免事业单位发展过程中出现财务危机，降低了风险。在进行比较分析法的使用过程中，必须合理地选择参考项目数值，保证分析的合理性和正确性。

### （二）比率分析法

比率分析法也是当前事业单位会计工作中常见的统计方法，与比较分析法相比，它的专业性更强。根据分析原因的不同，可以将该方法细分为效率分析法、构成分析法及相关比率分析法，会计财务人员需结合实际情况选择分析方法。比率分析法主要是进行财务状况的分析，通过统计同一时期内财务报表中的各项数据资料，如资金流动额、支出等，按照公式计算并进行比

较，求出相应的比率，判断当前单位内部的财务状况。比率分析法主要是借助公式进行核算，具有计算简便的优势，但是同时也存在一定的弊端。它的实时性不强，只能做到静态分析，不能及时地对事业单位的发展变化进行动态的监控，因此所得出的结果只能反映上一个时期或者是以往的财务状况，而不是对于未来发展情况进行预测。导致比率分析法受限制的原因较多，主要原因是事业单位内部的经济资源较为复杂，报表反映的内部资源总是可流动、可使用的资金，但是还存在一些受到客观条件限制、难以统计的会计资源。例如固定资产、折旧资产等，导致会计报表并不是很完整，只能反映事业单位一部分的经济来源。而在比率分析的过程中，需要对会计报表的有关项目进行研究，遵循历史成本原则，将导致计算出来的数据存在不准确的弊端。因此，会计财务人员需要从实际情况出发，运用比率分析法对事业单位过去的资产情况进行分析研究。

（三）趋势分析法

趋势分析法主要是进行同期数值的对比，利用折线的形式表现出来。在财务报表的基础上，将上下两期或者是多个时期的同一类指标进行对比，判断变化情况。当前，在事业单位发展过程中使用的趋势分析法，主要是百分比与项目金额比较分析，以此判断财务状况。通过显著的图像波动，可以直接看出事业单位财务经济状况的涨幅，同时可以观察到波动情况，从而根据波动的情况在第二年同期做好预防工作，并且总结经验教训，提高财务风险防控能力。

（四）因素分析法

因素分析法主要是针对可能影响财务工作的因素以及因素之间的联系进行分析。事业单位会计财务工作受到内外部因素的影响，如社会市场经济的变化等各种因素。因此利用因素分析法，可以直接分析出各个因素对指标差异所造成的影响，相当于直接查找出了原因。因素分析法主要分为两种，即差额分析法和连环替代法。在进行分析时，财务人员需要结合实际情况进行方法的使用，如考核事业单位的收支情况时，可以利用因素分析法，将各个因素影响下的财务收支情况进行罗列，从而正确地分析造成的影响。

# 三、统计方法在事业单位会计管理中的发展前景

（一）有助于进一步完善财务管理制度

当前，事业单位的发展规模和方式与以往相比有了很大的不同，事业单

位的资金状况、资金往来也发生了很大的变化，特别是国家税收政策的改变，对事业单位的发展也造成了一定的影响。在此基础上，事业单位内部的财务管理工作必须结合新时代的要求不断地发展变化。运用先进的统计方法，有助于事业单位进一步地完善相关财务管理制度，同时能够对资金预算模式进行改善。当前，先进的信息化技术已经进入到各个领域，在一定程度上改变了人们的工作方式及思维方式。如果将财务管理制度与信息化技术相结合，并在这一过程中运用先进的统计方法，则能最大限度地弥补事业单位财务管理漏洞，全面提升事业单位应对新风险的能力。与此同时，目前部分事业单位没有对国有产权预算等内容进行详细的规定，在统计方法的运用过程中，相关人员应结合事业单位发展的实际情况，对各项财务管理工作进行细致地划分，全面提升财务管理的工作水平。

（二）有助于避免财务管理偏差

现阶段财务管理工作模式发生重大转变，财务管理工作在事业单位运营过程中的重要性日益提高。事业单位相关财务管理人员应充分认识到，提升财务管理水平对事业单位未来发展的积极意义，同时事业单位也应认识到会计财务部门在新时期的工作难度不断加大，在实际工作过程中易产生偏差。调查研究显示，传统财务管理模式虽然在事业单位发展过程中起到了重要作用，但面对新时期的种种挑战仍然有待改进。

在此背景下，事业单位应运用合理的统计方法，对各部门的工作数据进行全面统计及分析，以便事业单位的决策人员及时地掌握单位财务情况，为事业单位未来发展奠定坚实基础。通过运用统计方法，能够不断地加强事业单位财务管理部门与其他部门之间的联系，从而全面地提升事业单位工作效率，加速事业单位信息化进程。从整体上看统计方法的运用，能最大限度地避免事业单位在运营过程中发生各种偏差，也有助于加强事业单位内部的团结，充分调动员工积极性，使事业单位能够适应新时期的发展需求，为我国社会经济水平的不断提升贡献力量。

（三）有助于提升事业单位管理人员的能力

结合事业单位的实际特点，需要专业人士进行财务管理工作，同时需要具备较高的职业素养。随着市场经济环境不断变化，相关政策的不断出台，对于事业单位财务管理人员也提出了更高的要求，使其在实际工作过程中面临更多的压力。因此，部分事业单位领导人员应积极地探索提升事业单位管理人员能力的办法。研究表明，通过运用合理的统计方法，能够不断地提升事业单位财务管理人员水平。事业单位财务管理人员利用先进的统计方法，能最大限度地弥补传统工作模式的不足，在实际财务工作中采取统一标准，避免由于工作方式不同而产生工作失误，为事业单位节约了大量人力资源成本。从整体上看，运用合理的统计方法，减轻了事业单位财务管理工作人员的压力，使其可以利用业余时间不断地学习先进知识来提升自身水平，进一步促进事业单位健康可持续发展。

## 四、统计方法在事业单位会计工作中的具体应用分析

### （一）强化事业单位会计的监督和核算

在事业单位发展的过程中，结合不同的统计方法可以加大监督力度，确保核算的质量，从而带动事业单位健康发展。会计财务工作一直以来都是事业单位能否安全运营的主要内容，结合现阶段事业单位财务管理工作的基本情况来看，很多事业单位没有建立健全的财务管理制度，并且在管理过程中出现了一些漏洞。在财务管理漏洞的影响下，会计人员在工作的过程中很难实现会计监督与核算的基本职能，也无法让会计工作得到提升。因此，事业单位的管理层应认识到会计监督与核算的重要性以及对于会计工作的重要意义。相关人员也要积极地采取措施，不断地建立健全相应的财务制度，从而强化事业单位会计工作的监督与核算职能，使会计人员充分地了解企业的运营情况，在会计工作中能够有据可依。

### （二）增强事业单位的风险防范能力

事业单位作为非营利性机构，其主要的经济来源是财政拨款。与企业相比，事业单位的管理更加严格，所处理的财务工作较少，因此导致很多财务人员在进行统计时，风险意识较低。因此，正确使用统计方法，可以反映事业单位实际的情况，使管理层了解当前存在的隐患和将来可能出现的风险，并根据统计得出的报告，及时地与当地政府部门沟通协商，研究对策规避风险。同时，事业单位还应不断地改革管理制度，建立健全相应的风险防范机

制，确保事业单位在遭遇财务风险的情况下，依然能够正常地运转。在风险防范的过程中，事业单位还应广泛地听取基层员工的意见和建议，对各项工作积极进行改进，在遇到相应风险时能够有效应对。

（三）更高效进行财务预测工作

财务预测工作是事业单位财务部门的主要工作内容。利用各种新型的统计方法，可以更好地促进事业单位财务预测工作水平的提升。通过统计工作确定事业单位的运营情况，从而更好地制定发展策略。以往的财务信息和财务报表都是对事业单位财务状况的体现，只是单一地具备参考价值，并不能作为事业单位未来规划的有力支撑。而结合了统计方法，可以改善以往财务工作中存在的不足，通过建立模型或者套用公式，将各项数据和变量等进行输入后获得报告，可以直观地看到预测结果。利用统计方法可以更合理地规划预测流程。

首先，确定预测的目标，根据目标进行预测时间点和时间段的选择，同时确定统计的方法。

其次，进行相关资料和数据信息的收集，确保信息和资料的正确性，选择合适的预测方法，进行多方面的验证与多次试验，保证结论的科学性。

最后，建立模型，通过模型更直观地观察结论，确定事业单位财务管理状况以及后期可能出现的情况，从而制定发展策略。在进行财务预测工作的过程中，相关人员应积极与其他部门紧密联系，了解事业单位的实际情况及财务状况，从而更准确地对企业的财务情况进行分析，为管理层的决策工作提供重要的参考意见。

# 第五节　统计学方法在事业单位财务工作中的应用

近些年来，随着事业单位规模的不断扩大，事业单位的财务管理已然成为急需解决的问题，规范的财务管理，有利于提高事业单位社会影响力，保障其科学发展。而如何规范事业单位的财务工作，就需要一个完善科学的财务管理方法作为支持。

## 一、统计学方法应用于事业单位财务工作的必要性分析

统计学是对数据进行收集、整理和分析的一门学科，它在数据的处理上

有其得天独厚的优势。这一方法在事业单位财务工作中的应用，能够最大限度地保证数据的准确性，将统计学方法运用于事业单位的财务工作中有很强的现实意义。

（一）有利于保障事业单位的运营

事业单位的财务工作中会面临着很多风险，常见的有：收入风险、预算风险、管理风险等，正是这种种风险，阻碍了事业单位的稳步发展，而如何规避这些风险成为事业单位发展的重中之重。虽说这些风险是难以避免的，但是笔者认为通过有效的财务管理，可以将风险规避到最小。统计学方法中的指数分析和因素分析是常用的方法，在事业单位财务预算时，可以有效统计财务收支和财务成果，保障事业的正常运营。

（二）有利于事业单位的可持续发展

统计学方法应用于事业单位的财务工作中，能够对事业单位的财务预算、财务收支进行统一规划。使事业单位的财务状况更加明细、更加科学，这种科学严谨的财务管理方法是实现事业单位固有资产的透明化管理必要举措，是实现事业单位稳步发展的前提。

（三）有利于提高事业单位的竞争力

事业单位是国家为了某种社会公益而组建的某一经营团体，原则上来讲事业单位是不存在竞争的，但是由于我国政策的开放，允许个人私立企业的成立，这就给事业单位的发展带来了严重的挑战。事业单位如果没有足够的竞争优势很容易在社会发展的潮流中被淘汰。财务是衡量一个企业是否适应时代发展重要的标志，事业单位亦是如此，科学的统计学理念有利于事业单位财务管理的细致化，提高事业单位在市场中的竞争优势，保障事业单位的社会地位。

## 二、应用统计学方法规范事业单位财务工作的策略分析

统计学中的方法能够对事业单位财务状况进行精准预算，保障事业单位内部的稳定性，促进事业单位的可持续性发展，借助统计学方法来规范事业单位的财务工作是时代发展的必然选择。

（一）通过综合指标分析的方法，找出问题的根源

在事业单位运营过程中会产生各项指标，财务部门可以根据这些实际产

生的指标，利用大数据方法进行分析，间接的分析出事业单位的财务状况，这种数据分析的统计学方法目前在一些规范化的企业管理中取得了不错的应用成绩，具备很强的说服能力。

如在学校置办新的教学器材时，可以将实际所需要支出指标与预测支出指标进行对比，然后就该比较关系进行问题分析，如果实际结果指标和预测指标结果出现较大偏差说明财务的预算工作有问题，要么是价格数据收集的不准确，要么是采购部门在中间动了手脚。同时还可以将同时购买器材的支出指标与其他学校同一时期进行对比，借以分析出不同学校之间就教育基础设施上的投入，衡量学校的发展状况。

（二）通过大数据计算，严格协调各环节资源配置

企业预财务管理中，实现有限资源的最大化利用是财务管理的终极目标，在事业单位中也是如此。需要注意的是实现财务利用最大化必须坚持以事业单位财务收支平衡的基本原则，以确保事业单位各项工作的正常开展为首要任务，以"量入为出、收支平衡、统筹兼顾、层次分明、节俭第一"为基本理念。如学校想给教师涨工资，但又不知道多少合适，过多会增添学校的财务负担，少了很有可能会造成人才的流失，如何利用学校已有的财务资源实现有效化配置成为学校财务的一个难题。这时可以利用统计学大数据计算的方法对我市各行各业的工资浮动进行计算，算出平均工资浮动区间，然后在可允许的误差内结合本校的实际财务状况对财务进行精准配置，这样既满足了教师的需求，也实现了资源的最大化利用。

（三）通过结构比率及比较等分析，确保财务工作的科学性

结构 0 比率和比较分析是统计学中常用方法，经济指标财务比率是比率分析法常用的一项关键指标，它可以通过专门的计算获得，在实际的财务工作中需综合考虑事业单位的各项外在因素，从而清理出各项指数之间的比率关系，进而找出部分与整体之间的关系，有利于分析事业单位收支的稳定性。比较分析则是对相同的数据进行分析，一般情况下，都是将同一时期的数据与上一季度或者年度的财务数据进行相互对比，借以反映事业单位的发展情况；除此之外，还可以将同一时期同一类型的事业单位财务数据进行一一对比，进而找出二者之间存在的差距，为事业单位正确的决策提供经济学依据。

　　综上所述，财务工作是事业单位一项重要的工作之一，科学规范的财务工作是事业单位得以长期稳步发展的前提。统计学方法应用于事业单位财务工作中正是保障其科学规范的前提。在实际工作之中，事业单位财务部门应该明确财务工作的内容，综合利用多种统计学方法，以提高事业单位的财务工作质量，确保事业单位工作的正常开展。

# 第五章 建筑企业材料及能源统计研究

## 第一节 建筑业统计与建筑企业统计

### 一、建筑业统计

（一）建筑业统计的概念

建筑业是国民经济中从事建筑安装工程的勘察设计、建筑施工、设备安装和建筑工程维修更新等建筑生产活动的重要物质生产部门。它一般由土木工程建筑业、线路、管道和设备安装业、勘察设计业三部分组成。

第一，土木工程建筑业。包括从事铁路、公路、隧道、桥梁、堤坝、电站、码头、飞机场、厂房、剧院、旅馆、商店、学校和住宅的建筑业以及专门从事土木建筑物修缮的专业公司等行业。

第二，线路、管道和设备安装业。包括专门从事电力、通信线路、石油、天然气、煤气、自来水、暖气、热水、污水等管道系统的建设和设备安装业。

第三，勘察设计业。包括中央和地方各业务主管部门设立的独立的勘察设计单位，如冶金、机械、水利、城建、铁路、交通等部门所属的设计院、分院、勘察公司等。

建筑业统计是从事建筑生产活动的物质生产部门对建筑经济现象的数量方面的资料进行收集、整理和分析的过程。概括地说，核算建筑业产品的生产和经营的全部经济活动的行业统计就是建筑业统计。

（二）建筑业统计的对象

建筑业是国民经济中的一个重要物质生产部门，是我国国民经济四大主要支柱产业之一。建筑业为国民经济各部门建造厂房、道路、桥梁、住宅和各种构筑物，并进行机械设备的安装，为国民经济的进一步发展，不断创造新的物质基础。

建筑业统计是社会经济统计学的重要分支之一，它是在社会经济统计基本理论的指导下，对建筑经济现象数量方面的资料进行收集、整理和分析，以反映建筑产品的生产、经营和效果以及建设规模、水平、速度、比例、构成等，进而认识建筑业发展变化的规律性。建筑业统计的对象包括以下几个方面。

1. 建筑产品

建筑产品大体上可以分为三大类：一是各种用途的房屋、构筑物，包括厂房、仓库、办公室、医院、幼儿园和住宅等房屋建筑以及铁道铺轨、桥梁架设、烟囱砌筑和水库渠道的建筑等建设；二是各类机械设备的安装，也就是将机械厂生产的机械设备，安装到固定支架和底座上；三是原有建筑物、构筑物的大修理和一部分中小修理以及按照我国目前规定纳入建筑施工企业施工活动的非标准设备制造。

2. 建筑产品的生产和经营的全部经济活动

建筑业统计不仅要反映建筑产品的生产状况，而且还要研究建筑施工的经营管理情况，及时解决问题，以加快施工速度，保证工程质量，挖掘建设资金潜力，降低工程施工成本。为此，建筑业统计必须为掌握建筑施工的人力、物力、财力的配备和使用情况以及建筑产品的生产、供应、销售的经营成果等提供服务。

3. 建筑业的经济效益

观察和分析建筑业的经济效益应当是建筑业统计核算的中心任务。提高经济效益是当前各项经济活动的中心，因此建筑业统计也应当以此为中心，设置一套反映经济效益的指标体系，规定一套核算经济效益的办法，以促使建筑业经济效益的不断提高。

（三）建筑业统计的任务与特点

1. 建筑业统计的任务

建筑业统计的根本任务是围绕建筑企业发展情况进行统计调查、统计分析，提供统计资料，实行统计监督。其具体任务分为以下几个方面。

（1）为上级管理部门制订计划和检查计划执行情况提供可靠依据

编制一项符合实际的计划，其依据必须是准确、可靠的统计资料。否则，编制的计划将是盲目的，或者是计划目标过高，脱离实际，或者是计划目标过低，达不到计划的目的。在计划执行过程中，又需要通过统计，随时了解计划执行情况，以便改进工作，确保计划如期实现。所以，为计划服务是统计工作的一项重要任务。为保证计划的顺利执行，统计工作必须实事求是，如实反映情况，既不夸大成绩，又不掩盖缺点。统计部门要坚持原则，敢于与一切违反国家政策、破坏国家计划的行为和不良倾向作斗争。

（2）为各级领导制定政策和检查政策的执行情况提供依据

国家的各项经济政策都是根据我国的具体国情制定出来的，各部门、各单位必须坚决贯彻执行。建筑业统计必须如实地反映政策的执行情况，及时、准确、全面地提供有关统计资料，为各级管理部门制定政策提供科学的依据。

（3）为建筑企业科学管理提供依据

现代企业都在实行科学管理，而科学管理必须以准确、完整的统计资料为依据。建筑业统计就是要及时了解、掌握建筑企业内外部的统计信息，准确、无误、全面地为建筑企业科学管理提供有力的统计依据。

（4）为统计分析和统计预测奠定基础

建筑企业要经常系统地积累统计资料，开展综合分析或专题分析，总结企业经营活动的经验，研究企业经济活动的具体规律，并开展统计预测工作。

2. 建筑业统计的特点

建筑业统计是研究发生在建设领域内的一切经济现象，既是对建筑业经济现象的数量方面进行的一种调查研究活动，也是对社会经济现象的一种认识活动。建筑业统计的特点是由建筑业行业特点决定的，建筑行业的产品特点、生产特点和经营特点以及建筑市场的特殊性决定了建筑业统计具有如下特点。

（1）建筑业统计具有针对性

建筑业统计是用各种建筑业统计指标表明建筑业的发展规模、发展水平以及各种经济现象之间的数量关系，它可以针对某一施工阶段进行专项统计，也可以针对某一施工单位进行综合统计。

（2）建筑业统计具有复杂性

由于建筑产品具有多样性与复杂性、生产周期较长与不可逆性及不可移动性等特点，致使建筑业统计也具有范围广、内容多、周期长等特点，也就是说建筑业统计具有复杂的特征。

# 二、建筑企业统计

建筑企业是建筑业的主体成员。建筑企业的生产经营和管理活动受建筑业行业规律的支配和制约。建筑企业统计是建筑业统计的基础统计，首先有建筑企业统计数据，然后才有建筑业行业统计数据。因此建筑企业统计应服从建筑业统计的需要。

## （一）建筑企业的概念

建筑企业从其外延上讲，是建筑生产任务的主要承担者，是国民经济物质生产部门之一——建筑业的细胞，是为社会提供建筑产品或建筑劳务的经济组织，是建筑企业统计的基本调查单位。建筑企业是指从事建筑商品生产或提供建筑劳务的企业。一般可分三大类：一是从事铁路、公路、隧道、桥梁、堤坝、电站、码头、机场、厂房、剧院、旅馆、商店、学校和住宅等土木工程建筑活动的企业，二是从事电力、通信线路、石油、天然气、煤气、自来水、暖气、热水、污水等管道系统的建设和各类机械设备、装置的安装活动的企业，三是从事建筑物内外装修和装饰的设计、施工和安装活动的企业。

## （二）建筑企业的分类

建筑业的生产任务是由各种类型的建筑企业共同完成的。建筑企业根据承包工程的能力、生产能力、经济类型、专业类别及企业资质等不同，可有不同的分类。

### 1. 按承包工程能力的不同分类

（1）工程总承包企业

工程总承包企业指能为建设单位提供工程勘察设计、工程施工管理、工程材料设备采购、工程技术开发与应用、工程建设咨询监理等全过程服务的智力密集型企业。工程总承包企业可以对工程建设项目进行设计、施工一体化总承包或施工总承包，也可以将承包的部分工程分包给其他具备资质条件的企业。

（2）施工承包企业

施工承包企业指从事工程建设项目施工承包与施工管理的企业。施工承包企业可为业主直接对工程建设项目进行施工承包，也可为工程总承包企业提供工程分包，还可以将所承包施工项目中的部分工程分包给其他具备资质条件的企业。这类企业数量大、门类多，是建筑业中的骨干企业。根据目前我国现有施工技术和机械装备水平，这类企业属于劳动密集型企业。

（3）专项承包企业

专项承包企业指从事工程施工专项分包活动的劳务性企业。专项承包企业只能为总承包企业或施工承包企业提供专业工种施工的劳务，一般不能单独承包工程。这类企业规模小、数量多，属于劳动密集型企业。

**2. 按生产能力不同分类**

按生产能力不同分类可划分为大型、中型和小型建筑企业。

**3. 按经济类型不同分类**

按经济类型不同分类可以划为国有、集体、私有、股份制、外商投资、港澳台投资、其他等企业。

**4. 按专业类别不同分类**

①综合性企业。综合性企业指主要从事房屋建筑或专业土木建筑，同时兼搞其他专业工程施工的企业或单位。

②专业土木建筑。专业土木建筑指专门从事铁路、公路、桥梁、港口、航道、水利、市政、上下水及道路等施工的企业单位。

③房屋建筑。房屋建筑指专门从事房屋建筑施工的企业或单位。

④机械设备安装。机械设备安装指专门从事机械设备安装工程施工的企业或单位。

⑤矿山建设。矿山建设指专门从事矿山剥离和掘进工程施工的企业或单位。

⑥机械化施工。机械化施工指专门从事或承包机械施工的企业或单位。

⑦其他。其他指不属于上述专业类别的施工企业或单位。

**5. 按企业资质划分**

房屋建筑工程施工总承包企业资质划分为特级、一级、二级、三级；各专业承包企业资质等级标准，如地基与基础工程、土方工程、钢结构工程、高耸构筑物工程、建筑装饰装修工程、建筑幕墙工程等专业承包企业资质等级标准均划分为一级、二级、三级；预拌商品混凝土专业、混凝土预制构件专业企业资质等级标准划分为二级、三级。

### （三）建筑企业统计范围

建筑企业统计的范围非常广泛，它是对整个建设过程经济现象的反映。建筑企业统计从微观上讲，是对一个工程项目的全过程进行的统计，包括建设前期工作、建筑施工、竣工验收三大部分的经济活动。建设前期阶段工作主要内容是勘察设计工作。建筑施工、竣工验收阶段工作是指建筑安装工程的施工生产和交工验收活动；从宏观上讲，它是对一个企业或者一个部门、一个地区等的建筑经济活动的综合反映。

不论哪种统计，一般都要包括以下内容：

①建筑产品统计。建筑产品统计包括建筑产品产量、产值的统计。建筑产品产量的统计又分为实物量统计、房屋建筑面积统计和施工进度、工程形象部位统计；建筑产品产值统计包括总产值、竣工产值、净产值、增加值的统计。

②劳动工资统计。劳动工资统计包括劳动力的数量、构成和劳动时间的利用情况以及劳动生产率、劳动报酬和劳动安全的统计。

③建筑机械设备的统计。建筑机械设备的统计包括机械设备数量、能力、完好情况、利用程度、设备修理等方面的统计。

④建筑材料统计。建筑材料统计包括原材料、燃料的收入、消耗和储备统计。

⑤财务成本统计。财务成本统计包括固定资金、流动资金、工程成本和利润统计。

⑥附属辅助生产统计。附属辅助生产统计包括工业产品产量、产值、产品质量、生产能力统计以及有关汽车运输方面的统计。

⑦经济效益统计。经济效益统计包括对有关经济效益指标的考核、评价和分析等。

# 第二节　建筑材料收入量统计

## 一、建筑材料统计的概念

建筑材料统计是指建筑业企业在施工生产过程当中对材料的采购、保管、储备、消耗等各种情况所作的数量方面的综合计算、分析等工作的总称。

# 二、材料的统计范围及分类

材料的统计工作主要应体现出材料在收入、储备和消耗三个方面的数量表现。将实际与计划进行比较，分析各方面对施工生产的保证程度及材料使用的合理程度。

由于建筑施工生产活动中用到的材料种类繁多，且在核算中的重要程度也有所不同。因此，应当作出适当的分类，把握材料的特征及管理的重点。

## （一）按在施工中的作用分类

### 1. 主要材料

主要材料是指直接用于工程（产品）主要实体上，构成工程（产品）实体的各种原材料。这种材料通常一次性消耗较多且价值相对较大，如水泥、木材、钢材、砂、石、砖等主要材料。

### 2. 结构件

结构件是指经过安装后能构成工程实体的各种加工件，它由建筑材料加工而成，如钢构件、木构件等。

### 3. 机械配件

机械配件是指维修机械设备所需的各种零件和配件，如活塞、轴承等。

### 4. 周转性材料

周转性材料是指在工程中多次使用且不构成工程实体的工具性材料，它在使用过程中基本保持其原有形态，逐渐损耗，如钢模板、脚手架、挡土板等。

### 5. 辅助材料

辅助材料是指在生产过程中对产品的形成起辅助作用，不构成产品的主要实体和主要价值的材料，如劳动防护用品、清洁用具等。

### 6. 燃料

燃料是辅助材料的一种，但由于在国民经济中占有极重要的地位，是我国的主要能源物资，通常把它单独划分为一类，并入能源中进行统计。

## （二）按原材料自然属性分类

第一，非金属材料，如砂、石、水泥、木材沥青等。

第二，金属材料，如钢材、铜、铝等。

## （三）按建筑材料的经济价值分类

这是运用 ABC 分析法对建筑材料进行管理所用的分类方法，即将建筑材料分为 A 类材料、B 类材料和 C 类材料三大类。

A 类材料是指少数几种消耗量大，占用储备资金多或对施工生产有举足轻重作用的材料。一般说来，A 类材料其种类占总品种的 5%～15%，而其金额却占总价值的 60%～80%。

B 类材料是指材料的品种和价值均处于中等水平的材料，B 类材料品种占材料总品种的 25%～40%，而价值占材料总价值的 10%～25%。

C 类材料是指品种繁多，但价值量却较少的材料。C 类材料品种一般占总品种的 50%～70%，但价值只占总价值的 5%～15%，对这种材料作非重点管理即可。

## （四）按建筑材料的管理权限分类

国家对全部物资实行三级管理体制，即分为统配物资、部管物资和地方管理物资三大类。对于其中的建筑材料，亦可按此种分类方法进行分类。目前，随着市场经济的发展，材料交易已逐步开放，绝大部分建筑材料都已进入市场交易。

## （五）按建筑材料在建筑物中所起作用分类

按此分类法可将建筑材料分为两大类。一类是承重结构用材料，如砖、石、混凝土、钢铁和木材等；另一类是特殊用途材料，如耐火砖、防锈漆、吸声板等。

# 三、材料收入量的指标及其计算

## （一）材料收入量的概念

材料收入量也称进货量，是建筑业企业在一定时期内购入材料的总数量。在材料采购过程中，不论采用哪种渠道，都应保证建筑安装工程生产的需要。

## （二）材料收入量统计原则

应遵循"谁收入谁统计"的原则，即以实际到达施工现场或仓库、经有资质的质量检验部门验收合格，并且经过施工现场的监理工程师签证验收入库后的材料为核算标准。但应注意不包括以下几种情况：已支付货款的在途物资；材料已到达施工现场或仓库，但尚未办理验收入库手续的，不能计入收入量；虽经验收但发现物资亏损或不符合质量要求的，不能计入收入量，应由负责物资采购的一方负责，重新采购并验收合格入库后再作为收入量统计；外单位寄存、委托保管的材料不能计入收入量。

（三）材料收入量计划完成情况分析

材料收入量计划完成情况的分析，就是将实际收入总量与计划进货量加以比较，用以说明各种材料的进货是否完成计划以及完成的程度。这种分析是根据材料的各种来源渠道制定材料收入量计划，然后对报告期收入量计划完成情况进行分析，来了解各个渠道供应的可靠程度，便于以后改进材料的供应工作。一般只对重要的、大宗的材料如钢材、木材、水泥等收入量分析其计划完成情况。

（四）材料收入的齐备性分析

建筑产品是由各种材料物资构成的，而材料物资计划中所规定的各种材料物资的需用量，是根据客观需要来制定的。因此，如果收入材料物资的品种规格不全，有的多有的少，即便从总量上看已经很充分，但由于品种规格不齐备，仍然会造成停工待料，妨碍施工的正常进行。为此，对材料物资收入情况的考查，还要从施工需要的整体着眼，对各种材料物资，特别是主要材料的收入情况进行齐备性考查，以保证施工的顺利进行。

（五）材料收入的及时性分析

检查材料物资收入计划执行情况时，还要分析材料物资收入的时间是否及时。也就是说，即使总量充分，品种齐备，但供应时间不及时，也同样会影响施工的正常进行。因此，需对材料收入的及时性进行分析。

在分析材料物资供应的及时性问题时，需要把进料时间、数量、平均每天需用量和期初库存等资料联系起来检查。

# 第三节　建筑材料消耗量统计

## 一、建筑材料消耗量

### （一）建筑材料消耗量的概念

建筑材料消耗量是指报告期内实际耗用于建筑产品生产过程中的全部材

料数量，包括建筑工程直接耗用的材料，现场临时设施、预制建筑构件、非标准设备制造等所耗用的材料。它是编制和检查材料消耗计划，核算单位产品消耗水平，考核材料消耗定额执行情况与节约使用材料状况的依据，其统计口径与计算方法，以产品为对象，与建筑业统计要求对口。

### （二）建筑材料消耗量的计算

建筑材料的消耗过程就是指将建筑材料投入施工生产活动，形成房屋建筑和土木建筑工程以及为建筑施工服务的其他生产的过程，因此，建筑材料的消耗量应以材料投入建筑产品生产中的第一道施工工序为准，即凡是投入第一道施工工序，改变了其原来形态或性能，或者不改变形态或性能但已投入使用的，都作为材料消耗量计算。

**1. 材料消耗量的计算方法**

根据建筑企业生产的特点和材料的性质以及为了便于材料的领用和管理，在计算材料消耗量时，有以下几种方法可供参考。

（1）根据领料单直接计算消耗量

为了正确核算材料消耗数量，领发材料要办理必要的手续，即按照规定填制领料单。领料单是一种有效的领料凭证，期末按品种汇总领用总数量，然后减退料的数量，就是报告期材料的消耗量。公式为：

报告期某种材料的消耗总额＝报告期领料总数－报告期退料总数

（2）根据分部分项工程实际完成工程量和材料配合比推算材料消耗量

公式为：

分部分项工程某种材料消耗量＝分部、分项工程实际完成工程量×

单位工程量某种材料消耗量×某种材料配合比

（3）根据平衡法推算材料消耗量

在建筑材料中，砖、瓦、砂、石等大宗材料，需要在施工现场按部位供应，随用随取，不便于进行多次的领退料手续，计算其消耗量时以原始账目为依据，按期初库存、期中收入和拨出，以及期末期初之间的数量关系，推算出报告期的材料消耗量。其计算公式为：

材料消耗量＝期初库存量＋本期收入量－本期借出或拨出量－期末库存量

**2. 材料消耗量计算的注意事项**

在计算材料消耗量时，应注意以下几个问题：

第一，已办理领料手续或实际已领出的材料，如果未投入施工生产，而存放在现场或车间，应算作库存量，不能计入消耗量。

第二，在施工中重复使用的材料（如模板脚手架等），在第一次使用时即计入消耗量，以后回收使用不再重复计算。

第三，用于交工工程的材料，应计入消耗总量。

第四，某些材料已投入使用，但其形态或性能未发生改变，也应作为消耗量统计，如机械设备使用的润滑油。

第五，需要加工改制后使用的材料，如钢材的成型、原木加工为锯材等，如果是自行加工，之后不再入库的，应计入消耗量；若重新入库再领用的，只能统计为加工拨出量。

第六，受外单位委托，材料加工制作或外销的金属结构、预制构件和非标准设备等耗用的材料，不能计入消耗量。

## 二、材料消耗定额执行情况的检查

检查原材料的消耗情况，主要是用材料的实际消耗量与定额消耗量进行对比反映材料节约或浪费的程度。材料消耗定额是从现有技术水平和企业管理水平出发，根据先进合理的原则，在广泛调查研究的基础上，综合先进经验制定的。先进合理的材料消耗定额，对于降低材料消耗和降低工程成本有着重要意义。同时，材料消耗定额也是编制工程预算和材料供应计划以及材料消耗情况的依据。

## 三、单位工程材料消耗统计

要正确计算单耗，必须明确工程量和材料消耗的内容，并且保持两者相适应。计算时要注意：

第一，在施工过程中，由于施工操作错误或技术指导错误等施工原因而造成返工、报废工程不应计入工程量，但其材料消耗要计入总消耗量中。如果是为了修订材料消耗定额，就不应把返工、报废工程的材料消耗包括在内。

第二，在施工过程中的一切不可避免的损耗应计入总消耗量中。

第三，工程所需预制构件的材料消耗都要计入总消耗量中（不论是现场预制还是工厂预制）。

对单位工程材料消耗的统计、分析，应着重于其预算用量与实际用量的对比分析。由工料分析计算的材料的预算用量是确定单位工程材料预算成本的基础。材料的实际消耗是确定单位工程材料实际成本的基础，二者对比，就可以分析单位工程材料的节约或超支的数量。

材料价格是影响单位工程材料成本的一个因素，运用两因素分析法分别计算材料价格变化和材料消耗数量变动对材料费（材料成本）的影响程度。可按下列公式计算：

材料价格变动对材料费的影响＝（材料实际单价－材料预算单价）×

材料预算用量

材料消耗数量变动对材料费的影响＝（材料实际用量－材料预算用量）×

材料预算价格

对单位工程的材料成本分析，可用下式计算：

材料成本节约或超支＝材料实际成本－材料预算成本

＝材料实际用量×材料实际单价－材料预算

用量×材料预算单价

所得结果"正"为节约，"负"为超支，计算成本节约可用下式：

材料成本节约＝材料实际用量×（预算单价－实际单价）＋

（材料预算用量－材料实际用量）×材料预算单价

# 第四节　建筑企业制料储存量统计

建筑企业生产活动是连续不断地进行的，而材料的供应是分批进行的，也就是说各批之间有一定的时间间隔，因此，必须有一定的材料储备才能解决建筑生产的连续性与建筑材料供应的间隔性之间的矛盾。同时，建筑材料的储备量又应有一个合理的水平，既能保证建筑施工生产活动的正常进行，又不使材料积压，影响企业资金周转，其特点是：

第一，由于生产场地流动，各工程用材料不完全相同，要求材料的储备不能超过该工程的总需要量。

第二，由于生产周期长，各阶段用材料不完全相同，则要求材料储备密切配合施工的需要，储备的先后次序和数量都应该有明确规定，避免停工待料或因储备过早而影响现场的布置。

第三，由于施工有一定的季节性和不均衡性，要求材料的储备数量要考虑季节影响所造成的不同时期的需要。

第四，由于工地材料供应地点远近不同，运输条件不一，要求材料储备的定额要根据具体条件而定。

建筑材料储备，须根据各施工项目的具体情况，并考虑材料的需用量、备料场地、运输条件等，配合施工进度，分期分批备料。

材料储备统计的任务是准确反映储备数量和构成，检查储备计划的执行情况，分析储备量对生产的保证程度，为合理地组织材料进货提供依据。

# 一、建筑材料库存量统计

## （一）材料库存量统计的概念

所谓库存量统计是指独立核算的建筑业企业在报告期初（或期末）实际结存的原材料数量方面的计量工作。

建筑企业材料库存量是指企业在一定时点上（通常指报告期初、期末）实际存有的全部建筑材料数量。凡是本企业有权支配动用的某一时点实际结存的材料，不论存放在何处，都应作为本企业库存统计。这个数量对于同种材料来说可以用实物量或价值量来表示；对于不同种类的材料来讲，更多的是以价值量来体现库存的总水平。

## （二）材料库存量统计的范围

第一，材料库存量统计的范围是指凡是本企业有权支配动用的某一时点实际结存的材料，都要作为本企业库存统计的对象。包括以下内容：

①企业各材料库材料，包括总库、分库、车间或工地仓库及露天场地保存的材料。

②工地、车间领料后尚未进入第一道生产工序的材料。

③外单位加工来料中尚未消费的材料。

④自外单位借入并已办理入库手续，但尚未消费的材料。

⑤已决定外调或上交，但尚未办理出库手续的材料。

⑥委托外单位为本企业保管的材料。

⑦不属于正常周转库存的超储积压及特种储备的材料。

⑧清点盘库查出的账外材料。

⑨已经申请报废、但尚未批准的材料。

第二，建筑业企业材料库存量统计不包括以下内容：

①已拨到外单位委托加工的原材料。

②已办理出库手续借给外单位的材料。

③供货单位错发到本企业的材料。

④代外单位保管的材料（包括已办理出库手续的外调材料，对方尚未提走或未全部提走部分）。

⑤已查实确属亏损或丢失的材料。

⑥已付货款但尚在运输途中的材料。

⑦已投入使用的工具性材料及可以回收复用的旧料。

⑧已运到本企业但尚未办理（或尚未办完）验收入库手续的材料。

第三，材料库存量统计的原则。

材料库存量统计遵循"谁支配准统计"的原则。凡是企业拥有支配权的材料，不论其存放在何处，都要作为本企业库存统计；不属于企业支配的材料，即使存放在本企业仓库，也不能作为库存统计。

第四，材料库存量指标的计算。

材料的库存量指标就是期末（或期初）库存量，期末（或期初）库存量的取得有两种方法：平衡推算法和盘点法。

平衡推算法是根据材料收入量、库存量和支出量之间的关系进行推算，其公式为：

期末库存量＝期初库存量＋本期收入量－本期支出量（消费＋调出）

采用平衡推算法确定库存量，其资料正确性受收入量和支出量的影响，同时也未考虑储存过程中的损耗。因此，只有在认真核算收入量与支出量的条件下，而又无法及时组织实际盘点时才能采用；同时，隔一定时期也还必须进行实际盘点，以保证实际库存的真实性。在盘点时如果发现账实不符，则均以实际盘点数为准。

对于现场大堆材料，也可采用实地盘点的方法来准确确定期末实有量。

## 二、建筑材料储备量统计

材料库存量一般是期末统计的，是一个时点上的数据；而材料的储备量则是表明一定时期的库存数量（也就是供应间隔期之间的数量），以保证施工生产对于各种材料数量的需要。也就是说，企业为保证常年施工的正常进行，对各种材料应保持一段时期的一定数量的库存量，这就是实际工作上的材料储备定额。

材料储备一般分为正常储备、保险储备和季节储备。材料储备定额通常是以每种材料对生产需要的保证天数来表示的。

### （一）正常储备

正常储备是指为保证生产正常进行而必须保持的材料储备水平，也就是指在前后两次供货之间的时期内为保证生产正常进行所需要的材料储备的数量。正常储备定额是根据储备天数和平均每天消耗量来确定的。其公式为：

材料正常储备定额＝平均每天材料需要量×储备天数

储备天数是根据两次供货的间隔天数来确定的，平均每天某种材料需要量是根据一定时期的需要总量除以该时期天数来确定的。其公式为：

正常储备日数＝材料采购间隔日数＋材料在途日数＋材料验收整理日数

### （二）保险储备

保险储备是指在材料供应发生了意外的情况下而能供应施工需要的储备数量，一般情况下是不动用的。保险储备定额，一般是根据各种材料供应超出正常供应期的实际记录来确定的。

保险储备又称为最低储备。保险储备加正常储备等于最高储备。某些材料的储备超过最高储备是材料积压开始的信号；低于最低储备是供应即将中断的信号。

### （三）季节储备

季节储备是保证某些生产有季节性的材料能正常供应生产所需要的材料储备量，季节储备是根据季节的长短与每天的平均需要量来确定的。

## 三、建筑材料储备定额执行情况的检查

为了防止材料的积压或不足，保证生产的需要，加速资金周转，企业必须经常检查材料储备定额的执行情况，分析是否有超储或不足的现象。

检查储备定额的方法，通常是计算实际储备量对生产的保证天数，再与定额（日数）对比观察其差别程度，亦可用实际储备量与定额储备量对比来

观察其差别程度。

# 第五节　建筑企业能源统计

能源是发展国民经济的重要物质基础。节约和开发能源在国民经济建设中具有战略意义。在建筑企业施工生产活动中，电力、煤炭、成品油等也是材料，应在"原材料、能源消费与库存统计"栏目中进行统计。但它们不构成建筑产品（工程）实体，为便于研究这种能产生能量的物质消耗情况，所以单独对能源进行统计。

## 一、能源的定义及其分类

能源是指能产生热能、电能、光能和机械能等各种形式能量的自然资源和物质资料。可按不同的标志对其进行分类。

①能源按其性质可分为矿物能源和非矿物能源。矿物能源有煤炭、石油、天然气、铀等，这类能源经过燃烧或利用就会失去其原有的实物形态，不能再生，而且污染较大。

非矿物能源包括水能、生物能、太阳能、汛能、潮汐能、地热能等，这类能源消费了还可以再生，一般没有污染或污染不大。

②能源按其形成过程，可分为一次能源和二次能源。一次能源又称天然能源或初级能源，是在自然界中以天然实物形态存在的，没有经过加工或转换的能源，如原煤、原油、油母页岩、天然气、植物燃料、水能、风能、太阳能、地热能、潮汐能、核能等。一次能源又可分为再生能源和非再生能源，其中非再生能源是我国现阶段能源消费的主要对象。

二次能源又称人工能源，是由一次能源经过加工转换而得到的能源，如焦炭、煤气、汽油、煤油、柴油、重油、电力、蒸汽等。

③能源按其使用的技术状况，可分为常规能源和新能源。常规能源是指在目前科学技术条件下已广泛使用的能源，如煤炭、石油、电力、天然气等。新能源是指正在研究开发，尚未广泛利用的能源，如太阳能、核能、潮汐能、地热能等。

为了研究的需要，还可以将能源按其他标志分类，如按能源的商品性不同分为商品能源和非商品能源；按能源的可燃性不同分为燃料能源和非燃料能源等。

## 二、建筑能源消耗指标计算

建筑能源消耗指标分能源消耗量统计指标和能源消耗水平统计指标两种。

### (一) 能源消耗量统计

能源消耗量是指建筑企业在一定时期内实际消耗的各种能源的总量。这一指标从能源实际消费角度出发，指企业完成一定的施工生产任务所消耗的能源数量。能源消耗量可由报告期实际消耗的数量汇总而得，或者从企业能源消费平衡表中取得相应资料。

### (二) 能源消耗水平统计

各种能源消耗总量指标能反映企业全部活动及施工生产中能源消耗的总规模和总水平，但这些指标不能说明企业能源消耗水平的高低，为了反映企业的能源利用情况，研究能源节约情况，还应计算单位建筑面积（单位产品）能耗和万元产值能耗。

## 三、建筑企业能源消耗的统计分析

企业能源消耗统计的分析，主要反映能源供应对企业施工生产的保证完成度，研究能源消耗结构是否合理；分析单位建筑产品能耗变化情况，反映企业能源消耗的经济效益。因此，能源统计分析要从能源的供需、消耗、节能和效益等几个方面进行分析。

### (一) 能源供需

建筑企业使用的能源多种多样，能源的来源和使用情况也是错综复杂的。为了保证企业能源的消费，企业必须按质、按量、及时地组织各种能源的供应，同时要清楚地反映企业所使用能源的去向和转换情况为企业能源管理提供依据。就需要编制能源平衡表进行统计分析。

### (二) 能源消耗

建筑能源消耗情况可通过对能源消耗定额执行情况进行检查和对能源消耗定额指数进行计算来进行分析。

### (三) 能源消耗经济效益与节能分析

经济效益是以投入与产出之比的形式表示的。反映能源经济效益的指标有：单位产品综合能耗、节能量和节能率等指标。

1. 单位产品综合能耗

单位产品综合能耗是反映企业生产的全部产品或某种产品各种能源消耗总水平的指标，是企业能源消耗分析的核心指标。

单位产值综合能耗、单位产值综合能耗通常为万元产值能耗。在计算该指标时，分子的能源消耗量须与分母的总产值口径一致。

单位产量综合能耗、单位产量综合能耗，通常是指每 100 m² 建筑面积综合能耗，用以对同类型的建筑进行比较。

2. 节能量、节能率分析

在计算能源消耗水平的基础上，可以计算节能量和节能率指标。

（1）节能量

节能量是报告期节能的绝对量指标，反映企业生产同样数量的建筑产品少消耗的能源数量。

（2）节能率

节能率是反映能源节约的相对指标。

# 第六章　金融监管统计分析

## 第一节　银行监管统计

### 一、中国银行业监督管理委员会对商业银行的监管

中国银行保险监督管理委员会遵循"准确分类—提足拨备—做实利润—资本充足"的持续监管思路，对银行业金融机构实施以风险为本的审慎有效监管。各类监管设限科学、合理，有所为、有所不为，减少一切不必要的限制；鼓励公平竞争，反对无序竞争；对监管者和被监管者实施严格、明确的问责制；高效、节约地使用一切监管资源，努力提升我国银行业在国际金融服务中的竞争力。

（一）公司治理监管

银监会要求银行业金融机构按照职责界面清晰、制衡协作有序、决策民主科学、运行规范高效、信息及时透明的原则，完善公司治理体制机制，提升公司治理有效性。

1. 完善公司治理规章制度

根据国家有关工作部署，深入开展加强金融机构公司治理的课题研究，并在此基础上，研究起草对各类商业银行基本统一要求的公司治理指引。

2. 强化股东、董事和高级管理人员责任

银监会要求商业银行强化股东，特别是控股股东的长期承诺和持续注资责任，要求其承诺支持银行从严控制关联交易，积极采取措施支持银行达到审慎监管标准，并坚持有限参与。制定董事、高级管理人员履职评价相关办法，督促银行业金融机构董事会切实履行职责，完善集体决策机制。要求银行业金融机构监事会充分发挥监督职能，建立与董事、高级管理人员逐一谈话制度。要求银行业金融机构高级管理人员加强管理程序控制，明晰授信业

务流程，明确客户调查、业务受理、分析评价、授信决策与实施、授信管理等各环节的勤勉尽职标准和责任追究标准。

### 3．推进稳健薪酬机制监管

2010 年 2 月，国家金融监督管理总局印发《商业银行稳健薪酬监管指引》，将银行业金融机构薪酬纳入监管范畴，指导银行业金融机构完善薪酬管理，制定体现业务发展与风险防控并重、激励与约束协调的考核机制，适当缩减业绩指标考核权重，提高风险指标考核权重，提高激励考核机制的科学性和有效性。推动银行业金融机构充分发挥薪酬在公司治理、内部控制和风险管控中的导向作用，促进银行业金融机构稳健经营和可持续发展。

### （二）内部控制监管

#### 1．督促银行业金融机构完善内部制约机制

国家金融监督管理总局充分利用年度监管通报，与董事长、行长、监事长（"三长"）和外部审计机构等进行监管审慎会谈等方式，指出银行业金融机构在内控建设方面存在的薄弱环节，提出相应监管要求。针对在日常监管中发现银行业金融机构存在的各类风险隐患，及时印发风险提示，督促银行业金融机构完善内控制度。

#### 2．引导银行业金融机构健全完善内审管理体系

根据《银行业金融机构内部审计指引》，督促银行业金融机构严格落实内审人员与员工总数配比、内审人员专业资质等要求。推动银行业金融机构优化内审信息报送路径。帮助银行业金融机构建立健全内部审计垂直管理体系，强调内审独立性。深化监管部门与银行内审部门的联动，注重利用银行内审信息提升监管效能。

#### 3．推动银行业金融机构提高内控执行力

通过现场检查、非现场监管、监管评级等多种方式，加强银行业金融机构落实金融法规情况的检查力度，促进银行业金融机构提高内控制度执行力。明确要求国家金融监督管理总局各级派出机构将银行业分支机构执行制度情况作为监管重点，强化执行制度的外部监管约束。

### （三）信用风险监管

#### 1．推进地方政府融资平台贷款规范清理和风险化解

国家金融监督管理总局多年来在地方政府融资平台贷款风险问题上'旗

帜鲜明'坚持不懈地做好风险提示和督促整改工作。对于经平台、银行、政府三方签字确认的现金流全覆盖类贷款，不再列为平台贷款，作为一般公司类贷款按商业化原则运作。对于现金流为全覆盖且拟整改为公司类贷款的，继续落实抵押担保，推进确认工作，核实一家、退出一家。对于保全分离和清理回收类平台贷款，通过项目剥离、公司重组、增加担保主体、追加合法足值抵质押品、直接收回等措施，加快处置进程。同时，督促银行业金融机构提高平台贷款风险权重，足额计提拨备，尽快真实核销不良贷款。目前，平台贷款高增长势头和相关风险得到了有效遏制。

2. 防范房地产贷款风险

严控向存在土地闲置及炒地行为的房地产企业发放开发贷款，对存在土地闲置一年以上的，一律不得发放新开发项目贷款。指导银行业金融机构预先布防高风险房地产企业风险暴露，加强对开发商资本充足率和自有资金的审查，提高抵押品标准，把握好贷款成数动态控制。加强土地储备贷款管理，严格把握土地抵押率，防止过度授信。实行动态、差别化管理的个人住房贷款政策，动态审慎管理首付款比例，严格执行利率风险定价，切实做到"面测、面试、居访"。同时，密切监测房地产市场信贷风险，积极组织商业银行开展房地产贷款压力测试，评估房价下降及宏观经济情况变化对银行房地产贷款质量的影响。

3. 防范产业结构调整相关风险

国家金融监督管理总局坚持密切跟踪经济金融形势，建立有效的风险监控预警体系，定期监测分析产业行业风险，指导银行业金融机构优化信贷结构，防范产业结构调整相关风险。贯彻落实国家关于抑制产能过剩、淘汰落后产能、促进节能减排的各项宏观调控要求，加大对高耗能、高排放项目和产能过剩行业的信贷控制，做好落后产能淘汰名单所列企业信贷资产的保全工作。积极科学支持节能减排有关项目，协助推进节能减排长效机制建设。

4. 防控集中度风险

国家金融监督管理总局确定集中度限期达标规划，并将集中度达标情况与市场准入、信贷投放、现场检查和非现场监管等紧密挂钩，严防大额授信集中度风险，坚守单一客户授信不得突破银行资本净额的10%、集团客户授信不得突破资本净额的15%、全部关联度及全部关联方授信总额不得超过资本净额的 50% 的"红线"。

5. 加强信贷精细化管理程度

国家金融监督管理总局坚持贷款周期与企业生命周期相匹配，信贷进入和退出与企业有效现金流相匹配，提高信贷资金投放与收回的科学性。督促银行业金融机构全面实施"三个办法、一个指引"，加强贷时与贷后管理，建立和完善以"实贷实付"为核心的精细化信贷管理模式，从源头控制信贷资金被挪用风险，确保信贷资金进入实体经济。及时将不良贷款考核重点转向风险管理工作的扎实深入程度、科学精细化水平、风险暴露的充分性等，督促银行业金融机构准确进行贷款风险分类，切实做到风险及早充分暴露。要求银行业金融机构抓住当前盈利较好的有利时机，"以丰补歉"，全力提足拨备，切实提升风险抵御能力。

6. 规范银信理财合作业务

国家金融监督管理总局进一步强化银信理财合作业务监管，多措并举，促进该业务科学、规范发展，指导银行和信托公司依法创新。印发《关于规范银信理财合作业务有关事项的通知》，再次强调信托公司自主管理原则，对融资类业务实施余额比例管理，叫停开放式及非上市公司股权投资产品，要求商业银行两年内将表外资产转入表内并计提拨备。建立银信理财合作业务逐日监测制度，利用非现场监管信息系统持续监测。通过专题监管会议对商业银行和信托公司进行监管指导。利用监管评级和《信托公司净资本管理办法》，引导信托公司提高自主管理能力，实现内涵式增长。

（四）市场风险监管

国家金融监督管理总局首次组织实施针对商业银行银行账户利率风险管理的现场检查，对深化和加强银行账户利率风险管理监管进行了探索，同时促进了专业化人才队伍的构建。对部分市场风险业务相对活跃的外资银行有针对性地开展专项检查，不断提升专项检查能力。同时，积极参与巴塞尔银行监管委员会交易账户小组的相关工作，紧密跟踪研究国际上有关市场风险监管政策的变化，并结合我国实际情况，及时调整市场风险监管政策。此外，国家金融监督管理总局还密切关注非银行金融机构市场风险，结合监管信息系统建设，设计专门报表，收集各类非银行金融机构市场风险基础数据，进行系统分析。

## （五）操作风险监管与打击金融犯罪

### 1. 操作风险管理制度建设

国家金融监督管理总局指导银行业金融机构梳理完善制度体系，按业务条线建立业务流程和岗位规范，开发应用信贷管理系统和事后监管系统，构建科学的流程体系，深化内部治理、风险控制、责任追究、协调联动、培训教育相结合的操作风险防控长效机制。推动实施内审监督检查和业务条线操作风险防控措施，提升案件和违规责任追究制度化、规范化水平。督促农村中小金融机构全面开展以案件治理与风险防控政策、制度、相关工作要求和内部控制制度规范、主要业务流程操作风险及防控措施为主要内容的培训工作。

### 2. 案防工作长效机制建设

国家金融监督管理总局紧紧围绕"标本兼治、重在预防"的工作方针，牢牢把握工作的主动权，不断探索推动案件防控工作科学发展的新方法、新途径，着力解决困扰银行业案件防控工作的主要矛盾和突出问题，推进银行业案件防控工作长效机制建设。印发《银行业金融机构案件处置工作规程》《银行业金融机构案件（风险）信息报送及登记办法》和《银行业金融机构案件防控工作联席会议制度》三项制度文件，规范案件处置、案件（风险）信息报送等工作。派出骨干深入银行业金融机构进行案件防控工作业务培训，提升案件防控队伍素质。深入开展"银行业内控和案防制度执行年"活动，通过深入辖区现场督导或约请高级管理人员谈话等多种方式加强大案、要案督导力度，制定"专人负责、分析成册、实施问责、总结心得"的案件处置原则，更加注重案件剖析、举一反三、查漏补缺、以查促防，成效初显。加强调查案件时与公安机关和有关部门配合，建立联席会议制度和重大案件联合督办制度，案件防控联动机制初步形成。

### 3. 信息科技风险监管

国家金融监督管理总局印发《商业银行数据中心监管指引》，为提高业务连续性水平提供了制度保障。全面开展信息科技风险非现场报表报送、数据分析等相关工作，为信息科技风险的分类、预警和监管评价评级工作提供参考。组织开展信息科技风险全面现场检查和多场专项检查。

## （六）流动性风险监管

国家金融监督管理总局积极开展流动性压力测试（压力测试是以定量分

析为主的风险分析方法，通过测算银行在假定极端不利情况下可能发生的损失，分析损失对银行盈利能力和资本金带来的负面影响，进而对单家银行、银行集团和银行体系脆弱性做出评估和判断，并采取必要措施。压力测试作为一项前瞻性分析工具，是银行进行风险管理的主要工具，在日常监管和风险管理中正发挥着越来越重要的作用。压力测试方法一般包括敏感性测试和情景测试。敏感性测试测量单个风险因素变动对银行风险暴露和银行风险承受能力的影响。情景测试分析多个风险因素同时发生变化以及某些极端不利事件发生对银行风险暴露和银行风险承受能力的影响。压力测试范围通常包括银行信用风险、市场风险、流动性风险和操作风险等方面内容，同时应考虑不同风险之间的相互作用和共同影响。压力测试步骤包括压力测试对象的确定、压力测试主要风险因素识别、压力情景设计、压力情景下承压指标计算以及根据压力测试结果确定潜在风险点和脆弱环节，有针对性地制定相应政策和应急预案）。适时印发风险提示函，推动制订风险预案，防止流动性短期大幅波动。严格执行存贷比、集中度等监管指标。同时，进一步明确银行业金融机构流动性风险管理的审慎监管要求，实施严格的监督检查措施，纠正不审慎行为，促使商业银行合理匹配资产负债期限结构，提高流动性风险管理的精细化程度和专业化水平，增强银行体系应对流动性冲击的能力。结合外资银行单一股东、集团架构、跨境运营的特点，有针对性地开展外资银行流动性现场检查，充分揭示外资银行母行集中管理流动性的潜在风险，积极提高危机情况下银行风险抵御能力。

此外，国家金融监督管理总局还需要对国别风险监管、声誉风险监管、融资性担保业务工作和处置非法集资工作等进行审慎监管。

## 二、银行业监管统计管理的主要内容

### （一）适用范围

该办法适用于银行业监督管理机构和银行业金融机构（后者是指在中华人民共和国境内设立的商业银行、城市信用合作社、农村信用合作社等吸收公众存款的金融机构以及政策性银行），也适用于在中华人民共和国境内设立的金融资产管理公司、信托投资公司、财务公司、金融租赁公司以及经国务院银行业监督管理机构（下文称国家金融监督管理总局）批准设立的其他金融机构。

## （二）银行业监管统计的概念、任务、基本原则、管理体制

银行业监管统计是指银行业监督管理机构为满足监管工作需要组织实施的以银行业金融机构为主要对象的各项统计活动。银行业监管统计既是银行业监管工作的重要组成部分，也是银行业金融机构内部控制的重要组成部分。银行业监管统计工作的基本任务是对全国银行业金融机构的经营情况和风险状况进行统计调查、分析、评价和预警，提供统计信息和统计咨询意见，实行统计监督检查。银行业监管统计工作的基本原则是统一规范、准确及时、科学严谨、实事求是。银行业监管统计实行统一领导、分级负责的管理体制。国家金融监督管理总局是组织领导、协调管理和监督检查全国银行业监管统计工作的主管部门。国家金融监督管理总局派出机构负责辖内银行业监管统计工作。

## （三）银行业监管统计制度与报表管理

银行业监管统计制度是对银行业监管统计对象、内容、表式、方法以及监管统计管理工作等方面的制度性规定。国家金融监督管理总局统一管理银行业监管统计报表，负责银行业监管统计报表的制定、颁发与撤销。

## （四）统计数据管理与信息披露

银行业监督管理机构统计部门和银行业金融机构主管统计工作的部门应加强对统计资料的管理，建立健全统计资料的审核、整理、交接和存盘等管理制度。国家金融监督管理总局建立统计信息披露制度，定期向公众公布银行业监管统计信息。国家金融监督管理总局派出机构根据银监会规定和授权，制定辖内信息披露制度，报国家金融监督管理总局审核批准。

## （五）统计机构的设立及职责

1. 设立

国家金融监督管理总局、银监局和银监分局设立统计部门，分别负责全国和辖内银行业监管统计工作。

2. 职责

①组织起草各项银行业监管统计制度；

②收集、汇总、整理银行业监管统计资料，编制银行业监管统计报表；

③整理金融业统计资料和有关国民经济统计资料、国外经济金融统计

资料；

④组织开展统计调查和统计分析，提出有关政策建议；

⑤向有关部门提供银行业监管统计资料，向公众披露银行业监管统计信息；

⑥对银行业金融机构总体风险情况进行评价和预警；

⑦组织银行业监管统计信息系统的推广和应用；

⑧组织开展银行业监管统计检查；

⑨组织银行业监管统计工作的培训；

⑩参与银行业监督管理机构有关制度、办法的研究制定工作；

⑪代表银行业监督管理机构参加国内、国际银行业监管统计交流、协作；

⑫为有关国际组织提供监管统计信息资料，与其他国家监管当局就跨境机构监管定期交换信息；

⑬为满足银行业监管工作需要开展的其他统计工作。

同时，银行业金融机构应设立统计部门或确定一个主管部门，集中负责本机构统计工作，提供银行业监管统计信息。其职责如下：

第一，贯彻落实国家金融监督管理总局制定的统计管理办法和各项统计制度；

第二，收集、汇总、整理并及时向银行业监督管理机构报送本机构监管统计资料；

第三，完成银行业监督管理机构布置的各项统计工作，在本机构开展统计调查、分析和预测；

第四，配合银行业监督管理机构做好银行业监管统计检查工作；

第五，组织实施本机构与银行业监督管理机构统计信息系统配套项目的推广和应用。

## （六）对统计人员的要求和赋予的权利

### 1. 要求

银行业监督管理机构和银行业金融机构统计人员应符合以下要求：

①具备良好的职业道德，具备执行统计任务所需的专业知识；

②必须实行岗位培训，未经岗前培训或培训不合格者不得上岗。

2．赋予的权利

①要求有关单位和人员如实提供银行业务资料和信息；

②检查统计资料的准确性，要求有关部门和人员改正不确实的统计资料；

③拒报不符合规定的统计报表，检举和揭发违反统计法律、规定、制度的行为。

（七）统计监督与检查

银行业监督管理机构统计部门依法对银行业金融机构的统计工作进行监督检查。统计检查的内容包括：统计法规和监管统计制度的执行情况，统计质量和统计数据真实性情况，统计资料整理情况，统计信息披露情况，统计信息系统完备性和安全性以及其他与统计工作相关的情况。可采取下列措施进行监管统计检查：第一，进入银行业金融机构进行检查；第二，询问银行业金融机构的有关人员，要求其对检查事项作出说明；第三，查阅、复制银行业金融机构与检查事项有关的文件、资料、凭证等。还可根据需要对台账、原始凭证和会计报表等进行核对，对银行业金融机构管理信息系统中有关数据进行核对。银行业监管统计检查结果作为考核银行业金融机构管理水平和内控制度的重要内容，纳入银行业监督管理机构对该机构及相关高级管理人员的综合评价、考核当中。

（八）奖励与惩罚

1．奖励

银监会根据有关规定对在银行业监管统计工作中作出重要贡献和取得突出成绩的统计人员或集体给予奖励，奖励分为荣誉奖励和物质奖励。

2．惩罚

对银行业金融机构有下列行为之一的，依据《中华人民共和国银行业监督管理法》第四十五条之规定予以处罚：第一，虚报、瞒报、伪造、篡改及无理拒报银行业监管统计资料的；第二，在接受统计检查时，拒绝提供情况或提供虚假情况以及转移、隐匿、毁弃原始统计记录、统计报表和与统计有关的其他资料的；第三，拒不接受或阻挠、抗拒监管统计检查的。银行业金融机构违反规定屡次漏报、退报、错报银行业监管统计资料的，依据《中华人民共和国银行业监督管理法》第四十六条之规定予以处罚。银行业监督管理机构有篡改统计资料、编造虚假数据行为的，应视情节轻重，对有关责任人员给予警告、记过、记大过、降级、撤职和开除的行政处分。银行业监督管理机构和银行业金融机构的领导人对拒绝、抵制篡改统计资料或者对拒绝、抵制编造虚假数据行为的统计人员进行打击报复的，依法给予行政处分；构成犯罪的，依法追究刑事责任。银行业监督管理机构从事监管统计工作的人员泄露国家秘密或者所知悉的商业秘密，构成犯罪的，依法追究刑事责任；尚不构成犯罪的，依法给予行政处分。

## 三、中国银行业监管指标

商业银行风险监管核心指标分为三个层次，即风险水平、风险迁徙和风险抵补。

### （一）风险水平类指标

风险水平类指标包括流动性风险指标、信用风险指标、市场风险指标和操作风险指标，以时点数据为基础，属于静态指标。

1. 流动性风险指标

流动性风险指标衡量商业银行流动性状况及其波动性，包括流动性比例、核心负债比例和流动性缺口率，按照本币和外币分别计算。

第一，流动性比例为流动性资产余额与流动性负债余额之比，衡量商业银行流动性的总体水平，不应低于25%。

第二，核心负债比例为核心负债与负债总额之比，不应低于60%。

第三，流动性缺口率为90天内表内外流动性缺口与90天内到期表内外流动性资产之比，不应低于－10%。

2. 信用风险指标

信用风险指标包括不良资产率、单一集团客户授信集中度、全部关联度三类指标。

第一，不良资产率为不良资产与资产总额之比，不应高于4%。该项指标为一级指标，包括不良贷款率一个二级指标；不良贷款率为不良贷款与贷款总额之比，不应高于5%。

第二，单一集团客户授信集中度为最大一家集团客户授信总额与资本净额之比，不应高于15%。该项指标为一级指标，包括单一客户贷款集中度一个二级指标；单一客户贷款集中度为最大一家客户贷款总额与资本净额之比，不应高于 10%。

第三，全部关联度为全部关联授信与资本净额之比，不应高于 50%。

3．市场风险指标

市场风险指标衡量商业银行因汇率和利率变化而面临的风险，包括累计外汇敞口头寸比例和利率风险敏感度。

第一，累计外汇敞口头寸比例为累计外汇敞口头寸与资本净额之比，不应高于 20%。具备条件的商业银行可同时采用其他方法（比如债险价值法和基本点现值法）计量外汇风险。

第二，利率风险敏感度为利率上升 200 个基点对银行净值的影响与资本净额之比，指标值将在相关政策出台后根据风险监管实际需要另行制定。

4．操作风险指标

操作风险指标衡量由于内部程序不完善、操作人员差错或舞弊以及外部事件造成的风险，表示为操作风险损失率，即操作造成的损失与前三期净利息收入加上非利息收入平均值之比。

（二）风险迁徙类指标

风险迁徙类指标衡量商业银行风险变化的程度，表示为资产质量从前期到本期变化的比率，属于动态指标。风险迁徙类指标包括正常贷款迁徙率和不良贷款迁徙率。

①正常贷款迁徙率为正常贷款中变为不良贷款的金额与正常贷款之比，正常贷款包括正常类和关注类贷款。该项指标为一级指标，包括正常类贷款迁徙率和关注类贷款迁徙率两个二级指标。正常类贷款迁徙率为正常类贷款中变为后四类贷款的金额与正常类贷款之比，关注类贷款迁徙率为关注类贷款中变为不良贷款的金额与关注类贷款之比。

②不良贷款迁徙率包括次级类贷款迁徙率和可疑类贷款迁徙率。次级类贷款迁徙率为次级类贷款中变为可疑类贷款和损失类贷款的金额与次级类贷款之比，可疑类贷款迁徙率为可疑类贷款中变为损失类贷款的金额与可疑类贷款之比。

（三）风险抵补类指标

风险抵补类指标衡量商业银行抵补风险损失的能力，包括盈利能力、准备金充足程度和资本充足程度三个方面。

①盈利能力指标包括成本收入比、资产利润率和资本利润率。成本收入比为营业费用加折旧与营业收入之比，不应高于45％；资产利润率为税后净利润与平均资产总额之比，不应低于0.6％；资本利润率为税后净利润与平均净资产之比，不应低于11％。

②准备金充足程度指标包括资产损失准备充足率和贷款损失准备充足率。资产损失准备充足率为一级指标，为信用风险资产实际计提准备与应提准备之比，不应低于100％；贷款损失准备充足率为贷款实际计提准备与应提准备之比，不应低于100％，属二级指标。

③资本充足程度指标包括核心资本充足率和资本充足率，核心资本充足率为核心资本与风险加权资产之比，不应低于4％；资本充足率为核心资本加附属资本与风险加权资产之比，不应低于8％。

# 第二节　保险监管统计

## 一、保险监管及其必要性

保险监管是指政府根据保险法律设立政府保险行政管理机构，由政府保险行政管理机构负责制定具体的保险法规，并对保险产品提供者的资格和经营状况、保险产品的内容和设计、保险合同的条款和格式、保险费率、保险市场行为进行日常的审批、监督、检查和指导。

严格的保险监管非常重要，这是因为商业保险是一项对公共利益产生重大影响的商业行为。商业保险对公共利益之所以有着重大影响，主要有三个方面的原因：第一，商业保险覆盖面巨大；第二，商业保险的本质是安全保障；第三，商业保险中存在着买卖双方的不平等交易地位。

## 二、保险监管的目的

### （一）保护保险消费者

1. 保证风险社会化机制的安全可靠性

商业保险是社会分工的一种形式，保险人把众多面临同一风险的个人或单位集中起来，根据概率和大数法则的原理，预期损失发生的可能性，计算出为弥补这些损失，每一个单位应当分担的数额，并收取相对少量的经营费用，建立应付风险损失的保险基金，保险人把他的风险相对均衡地转移给了全部被保险人。从全社会的角度看，保险人在这里建立了一种对降低经济风险进行组织、管理、计算、研究、资金转移和监督的机制，提供了一种风险管理服务。通过这种保险机制，把原来由家庭内部或单位内部消化的风险转为由全体参加保险的人共同分担，这种风险社会化的机制必须安全可靠地运行，否则就达不到参加保险的目的。保险行政管理的首要目的就是要保证风险社会化机制的安全可靠性。

2. 保证保险市场的公正、公平和公开

保险人必须公正、公平和公开地对待他的全部被保险人或保单持有人。任何保险人都不能通过与风险本身无关的方式不公正地对待某一部分被保险人或保单持有人。例如，对某一种族或地区的人采用歧视性费率，即高于根据实际风险他们应当合理承担的份额，意在排斥这些人投保。对面临相同风险的人必须进行相同的风险分类，并采用相同的保险费率。保险人必须在处理索赔、保险相关服务和保险代理人的市场行为方面，采用相同的标准，避免歧视性对待个别被保险人或保单持有人。保险人不能通过垄断的方式，使被保险人或保单持有人缴纳的保费高于保险人承保责任的合理成本。

3. 保证保险产品的可提供性

保证保险产品的可提供性是指在非法定强制保险的情况下，任何人愿意购买保险，保险产品应该能够满足他的保险基本需求。保险产品的可提供性不充分可以有多种表现，例如，限制性承保规定，取消保单或拒绝续保，保险人从某一地区撤出保险业务等。不过，对保险的行政管理并不能强迫保险人在亏损的情况下继续经营保险业务，因为这最终会损害被保险人的利益。在这种情况下，保险行政管理常常会采用建立保险替代市场、社会保险或政府保险的方式保证保险产品的可提供性。

(二) 监督和保护保险产品的提供者

1. 监督保险产品提供者的财务状况

保证和不断加强保险人的偿付能力一直是保险行政管理的最重要目标之一，它具有重要的经济和社会意义。监督保险产品提供者的财务状况贯穿于保险业法的始终，例如，对保险公司组织形式的管理，对资本和盈余的要求，对准备金的要求，财务状况披露和检查制度以及投资限制等。

### 2．保证保险市场的健康有序竞争

保险行政管理必须保证保险市场的健康有序竞争。商业保险市场既不能是一个垄断市场，也不能是一个完全竞争的市场。垄断会损害保险消费者的利益，阻碍保险消费者以合理的价格获得他们所需要的保障；完全竞争同样会损害保险消费者的利益，例如，毫无限制地降低保费会损害保险人的偿付能力，最终损及保险消费者所需要的保障。因此，保险行政管理一方面要保证保险市场的公平准入和法律准许的公平竞争；另一方面通过对保险合同条款和保险费率的审批制度，将保险市场上的竞争限制在一定的范围之内。通过对合法经营的保险产品提供者的监督和保护，最终维护广大保险消费者的利益。

## 三、保险公司应具备的偿付能力额度

按照《保险公司偿付能力额度及监管指标管理规定》，保险公司应当根据保障被保险人利益、保证偿付能力的原则，稳健经营，确保实际偿付能力额度随时不低于应具备的最低偿付能力额度。

### （一）保险公司应具备的最低偿付能力额度

#### 1．财产保险公司应具备的最低偿付能力额度

财产保险公司应具备的最低偿付能力额度为下述两项中数额较大的一项：

第一，最近会计年度公司自留保费减营业税及附加后 1 亿元人民币以下部分的 18％和 1 亿元人民币以上部分的 16％。

第二，公司最近 3 年平均综合赔款金额 7 000 万元以下部分的 26％和 7 000 万元以上部分的 23％。综合赔款金额为赔款支出、未决赔款准备金提转差、分保赔款支出之和减去摊回分保赔款和追偿款收入。经营不满三个完整会计年度的保险公司，采用上面第一项规定的标准。

#### 2．人寿保险公司最低偿付能力额度

人寿保险公司最低偿付能力额度为长期人身险业务最低偿付能力额度和短期人身险业务最低偿付能力额度之和。长期人身险业务是指保险期间超过一年的人身保险业务；短期人身险业务是指保险期间为一年或一年以内的人

身保险业务。

第一，长期人身险业务最低偿付能力额度为下述两项之和：

①投资连结类产品期末寿险责任准备金的 1% 和其他寿险产品期末寿险责任准备金的 4%。

②保险期间小于 3 年的定期死亡保险风险保额的 0.1%，保险期间为 3～5 年的定期死亡保险风险保额的 0.15%，保险期间超过 5 年的定期死亡保险和其他险种风险保额的 0.3%。

在统计中未对定期死亡保险区分保险期间的，统一按风险保额的 0.3% 计算。

风险保额为有效保额减去期末责任准备金，其中有效保额是指若发生了保险合同中最大给付额的保险事故，保险公司需支付的最高金额；期末责任准备金为中国保监会规定的法定最低责任准备金。

第二，短期人身险业务最低偿付能力额度的计算同上面财产保险公司的一样。

### 3. 再保险公司最低偿付能力额度

再保险公司最低偿付能力额度等于其财产保险业务和人身保险业务分别按照规定计算的最低偿付能力额度之和。

## (二) 保险公司实际偿付能力额度

### 1. 认可资产表及编表说明

对表内相关指标解释如下：

第一，账面价值是指报表项目在会计账簿上的记录价值（对需要计提坏账、跌价等减值准备的资产，账面价值为计提准备前的记录价值）；非认可价值是指报表项目的账面价值中不被认可的价值；净认可价值是指报表项目的账面价值扣除非认可价值后的净值。

第二，在所有的资产中，只有那些可以被保险公司任意处置的可用于履行对保单持有人义务的资产，才能被确认为认可资产。保险公司的资产认可应符合以下三个原则：①确认原则，即保险公司的资产中，那些虽然具有经济价值但不能被用来履行对保单持有人的责任，或者由于抵押权限制或其他第三方权益的缘故而不能任意处置的资产，均不能被确认为认可资产。②谨慎原则，即对一项资产，如没有充分的证据表明其符合认可资产的定义，则应确认为非认可资产；保险公司在面临不确定因素的情况下对资产的估价进行判断时，应当保持应有的谨慎，充分估计到各种可能的风险和损失，避免高估资产。③合法原则，即所有违反法律、行政法规和保监会规定而拥有或控制的投资资产及非投资资产，均为非认可资产。

第三，认可资产项目及其含义：

①银行存款。这是指保险公司在银行的各种存款。银行存款为认可资产，但有迹象表明以及公司预计到期不能支取的银行存款，应确认为非认可资产。公司在非银行金融机构的存款，不在此项反映。

②存出资本保证金。这是保险公司按照《保险法》规定，将注册资本金或营运资金的 20%，通过与商业银行签订专门的资本保证金存款协议的方式缴存的保证金。

③政府债券。这是指保险公司持有的、不带有返售协议的国债，短期国债投资按成本与市价孰低法计价；长期国债投资按摊余价值（面值加未摊销溢价之和或面值减未摊销折价之差）计价并计提长期投资减值准备。政府债券为认可资产。

④金融债券。这是指保险公司持有的由金融机构发行的债券，短期金融债券投资按成本与市价孰低法计价并计提短期投资跌价准备；长期金融债券投资按摊余价值（面值加未摊销溢价之和或面值减未摊销折价之差）计价并计提长期投资减值准备。金融债券为认可资产，但违反国家金融监督管理总局比例限制持有的部分为非认可资产。

⑤企业债券。这是指保险公司持有的由非金融机构企业发行的债券，短期企业债券投资按成本与市价孰低法计价并计提短期投资跌价准备；长期企业债券投资按摊余价值（面值加未摊销溢价之和或面值减未摊销折价之差）计价并计提长期投资减值准备。目前国家金融监督管理总局批准保险公司可购买的电力、铁路、三峡、电信通信类企业债券为认可资产，但违反国家金融监督管理总局比例限制持有的部分以及保险公司在《保险法》实施前已经持有或者在《保险法》实施后违规持有的其他企业债券均为非认可资产。

⑥股权投资。这是指保险公司作为被投资单位的股东，以获取股利收入或资本利得为目的所进行的权益资本投资。短期股权投资按成本与市价孰低法计价并计提短期投资跌价准备；长期股权投资按历史成本计价并计提长期

投资减值准备。股权投资为认可资产，但《保险法》或《外资保险公司管理条例》实施后违规持有的股权投资为非认可资产。

⑦证券投资基金。这是指保险公司在证券交易所市场购买的各类证券投资基金，无论公司管理层是否有意长期持有，在认可资产表中，证券投资基金均作为短期投资核算，按照成本与市价孰低法计价并计提跌价准备。证券投资基金为认可资产，但违反国家金融监督管理总局比例限制持有的部分为非认可资产。

⑧保单质押贷款。这是指保险公司按照保险合同向保单持有人提供的质押贷款余额，保单质押贷款为认可资产。

⑨买入返售证券。这是指保险公司在银行间拆借市场或交易所市场以合同或协议的方式，按一定的价格买入证券，到期日再按合同或协议的价格卖出该批证券，以获取买入价和卖出价的差价收入，买入返售证券为认可资产。

⑩拆出资金。这是指保险公司在《保险法》实施前对外拆出或《保险法》实施后违规拆出的资金，拆出资金为非认可资产。

⑪现金。现金为认可资产。

⑫其他投资资产。它包括不动产投资、在证券营业部等非银行金融机构的各类存款以及其他无法归入本表独立项目的投资资产。对《保险法》实施前持有的不动产投资，以计提减值准备后的账面净额作为认可资产价值，减值准备列示于"非认可价值"栏内；在证券营业部的保证金存款为认可资产。

⑬融资资产风险扣减。这是保险公司因为从事证券回购交易而被用于质押的证券的价值以及公司通过证券回购等方式融入资金购买的投资资产的风险扣减额。其"账面价值"计为零，"非认可价值"等于认可负债表中"卖出回购证券"余额的 50%，"净认可价值"等于"账面价值"减去"非认可价值"

⑭现金和投资资产小计。

⑮应收保费。这是指长期人身险业务以外的保险业务，按保险合同规定应向投保人收取而暂时未收取的保费。账龄小于 1 年的应收保费为认可资产，账龄等于或大于 1 年的应收保费为非认可资产。对账龄小于 1 年的应收保费，保险公司应合理预期其可收回程度，计提坏账准备并反映在"非认可价值"一栏内。

⑯应收分保账款。这是指保险公司开展分保业务而发生的各种应收未收款项，分保应收账款以扣除合理预期的坏账准备后的金额确认为认可资产，但不得超过最高认可比例：账龄不长于 3 个月的，最高按账面价值的 100% 确认为认可资产；账龄不长于 6 个月的，最高按账面价值的 70% 确认为认可资产；账龄超过 6 个月但小于 1 年的，最高按账面价值的 30% 确认为认可资产；账龄等于或大于 1 年的，全额确认为非认可资产。

⑰应收利息。这是指保险公司的各类存款、债券、保单质押贷款等资产产生的应收或应计利息，如果生息的基础资产是认可资产，则相对应的应收利息也是认可资产；反之，则为非认可资产。

⑱预付赔款。这是指保险公司在处理各种赔案过程中按照合同约定预先支付的赔款，账龄不超过 1 年的预付赔款为认可资产，其余为非认可资产。

⑲存出分保准备金。这是指分保业务中分入公司按照合同约定存出的准备金，存出分保准备金最高按账面价值的 80% 确认为认可资产。

⑳其他应收款。这是指保险公司除应收保费、应收分保账款、应收利息以外的各种应收、暂付款项以及存出保证金，保险公司根据这些应收款项的可收回程度谨慎地计提坏账准备。

㉑应收预付款项小计，该项等于第⑭项到第⑲项的加总数。

㉒固定资产。它包括固定资产净值、在建工程和固定资产清理科目的余额。保险公司按计提固定资产减值准备后的金额确认认可资产，固定资产确认为认可资产的最高金额为资产负债表中实收资本、资本公积、盈余公积三项之和的 50%。

㉓无形资产。这是指保险公司以提供保险服务、对外出租或管理需要为目的而持有的没有实物形态的非货币性长期资产，在无形资产中，除土地使用权为认可资产外，其余均为非认可资产。如果有证据表明，土地使用权的预计可回收金额低于账面价值，则应对其计提减值准备。

㉔其他资产。这是指保险公司的材料物品、低值易耗品、待摊费用、递延资产、抵债物资、待处理固定资产净损失以及其他无法归入本报表独立项目的各类资产。其他资产为非认可资产。

㉕非独立账户资产小计。

㉖独立账户资产。这是指保险公司根据投资连结保险合同的约定而设立

单独进行资金运用和核算的投资账户中的资产，投资连结保险投资账户内的投资资产，有市场价格的，应以市价计价。独立账户资产为认可资产。

㉗资产合计。

需要说明的是：若保险公司的资金由集团控股公司集中投资，则控股公司和子公司均应建立良好的内控和核算制度，确保有关记录真实、完整和及时。控股公司集中持有的投资资产，应按照系统、合理的方法分配到子公司的认可资产表中。

2. 认可负债表及编表说明

对表内相关项目解释如下：

第一，各负债项目，分为准备金负债、非准备金负债、独立账户负债和或有负债四大部分。

第二，认可负债项目及其含义：

①未到期责任准备金。这是指保险公司对保险期不超过1年的非寿险保单，为承担报表日后的保单责任而提取的赔款准备。未到期责任准备金由两部分组成，一是未赚保费准备金，二是保费不足准备金。未赚保费准备金是从未到期保单的自留保费中计提的尚未实现的保费收入。未赚保费准备金可以年（1/2法）、季（1/8法）、月（1/24法）和0（1/365法）为基础计提，但方法一经确定，就不得随意变更。如发生变更，应说明原因，并披露方法变更对未赚保费准备金的影响金额。如果提取的未赚保费准备金小于预期的未来赔付（含理赔费用），则应按其差额提取保费不足准备金。

②未决赔款准备金。这是指保险公司对在保单有效期内发生的未决赔款提取的赔款准备。未决赔款准备金包括已发生已报告赔款准备金和已发生未报告赔款准备金。保险公司可按照《保险公司财务制度》的有关规定提取未决赔款准备金，但如果按照精算方法计算的准备金大于按照《保险公司财务制度》提取的准备金，则可取大者为报表数。

③长期财产险责任准备金。这是指保险期在一年以上的财产保险业务的责任准备金，包括对长期工程险、再保险等按业务年度结算损益的保险业务提取的责任准备金，以及对长期工程险等以外的，不需要按照业务年度结算损益的长期财产险业务提取的责任准备金。对其中前一项责任准备金，在未到结算损益年度之前，按业务年度营业收支差额提存；对后一项责任准备金，

按精算结果提取。

④寿险责任准备金。这是指保险公司对寿险保单为承担未来保险责任而按规定提取的准备金。寿险责任准备金按照国家金融监督管理总局的有关精算规定计提，其中独立账户的对应负债在本表的"独立账户负债"中反映。

⑤长期健康险责任准备金。这是指保险公司对一年期以上的健康险业务为承担未来保险责任而按规定提取的准备金。长期健康险责任准备金按照国家金融监督管理总局的有关精算规定计提。

⑥准备金负债小计。

⑦预收保费。这是指保险公司在保单责任生效前向投保人预收的保险费。

⑧保户储金。这是指保险公司开办以储金利息作为保费收入的保险业务而收到保户缴存地储金。

⑨应付保户红利。这是指保险公司已宣告但尚未支付给保单持有人的红利。

⑩累计生息保单红利。这是指保险公司已派发的保单红利中，因为保单持有人选择保单红利留存保险公司生息而产生的本利之和。

⑪应付佣金。这是指保险公司应向个人代理人和保险经纪公司支付的报酬。应付佣金按期末余额列报。

⑫应付手续费。这是指保险公司应向保险代理机构支付的报酬，应付手续费按期末余额列报。

⑬应付分保账款。这是指保险公司之间发生分保业务而产生的应付款项。

⑭预收分保赔款。这是指分保业务中分出公司按照分保合同预收的分保赔款。

⑮存入分保准备金。这是指分保业务中分出公司按照合同约定接受分入公司缴存的准备金。

⑯应付工资和福利费。这是指保险公司应付未付的职工工资和按规定提取的福利费。

⑰应交税金。这是指保险公司应交未交的各种税金。

⑱保险保障基金。这是指保险公司按规定提取的保险保障基金。

⑲应付利润。这是指保险公司应付未付给投资者的利润。

⑳卖出回购证券。这是指保险公司在银行间拆借市场或交易所市场以合

同或协议的方式，按一定的价格卖出证券，到期日再按合同或协议的价格买回该批证券，以获得卖出该批证券后所得资金的使用权。

㉑其他负债。这是指保险公司的短期借款、长期借款、拆入资金、存入保证金、预提费用、长期应付款、货币兑换以及其他无法归入本报表独立项目的各类负债。

㉒非准备金负债小计。

㉓独立账户负债。这是指保险公司根据投资连结保险合同的约定而设立单独进行资金运用和核算的投资账户，保险公司应按合同的约定将与该投资账户相关的责任确认为独立账户负债。

㉔或有负债。或有负债是指保险公司过去的交易或事项形成的潜在义务，其存在须通过未来不确定事项的发生或不发生予以证实。如未决诉讼、未决仲裁、债务担保、可能补交的税款等。如果预期该义务最终发生的可能性大于50%，则应确认为认可负债。

㉕认可负债合计。

# 第三节　证券市场监管统计

## 一、证券市场风险及其种类

证券市场是一个高风险的市场，具有风险源多、突发性强、传导快、社会影响大的特点。国际经验证明，市场的风险如果不加以防范和化解，会对社会经济带来不利影响，甚至引起经济震动，影响社会安定。因此，必须保持清醒认识，随时注意防范和化解证券市场中存在的各种风险。

（一）证券价格风险

证券价格风险是指股票价格的大幅涨跌给投资者投资行为带来的不利影响，尤其是当股市出现大幅下跌情况时，投资者的财产遭受的损失更加直接。因此，这是最受关注的一种证券市场风险。目前我国股票市场的价格波动幅度大、频率高，市场稳定性差，投资者面临的价格风险很大。国际上把股价指数日涨跌幅度超过10%的情况称暴涨暴跌。

（二）结算体系风险

结算体系风险是指在达成证券交易之后，买卖双方按既定规则进行证券、资金交付时，由于一方不能向对方交付证券或者资金而发生的风险。这是一种全局性的风险，关系到证券交易是否能够正常进行。目前我国证券结算体系尚不完善，风险控制能力不高，潜伏着一定的结算风险。

（三）证券经营机构的信用风险

证券经营机构的信用风险是指由于代理投资者进行证券买卖的证券商出现经营风险而破产，无法偿付投资者委托其代理买卖的证券和资金，给投资者带来财产损失的风险。目前我国一些证券经营机构存在资产质量不高等问题，面临较大的经营风险，要严防出现不能偿付客户证券和资金的问题。

（四）技术风险

技术风险是指随着证券市场电子化进程的不断深入，由于证券交易所和证券经营机构的电子交易系统出现技术问题，导致交易无法进行而造成的风险。目前我国证券市场的计算机技术应用水平比较高，但也隐藏着一定的风险，曾经出现过因通讯系统和交易系统出现故障而影响交易的情况。随着市场规模的不断扩大，市场影响日益加大，技术安全性更加重要。

## 二、我国证券市场监管体制的特点

我国证券市场实行以政府监管为主，自律为补充的监管体制。随着市场的发展变化，我国证券市场监管体制经历了一个从地方监管到中央监管，由分散监管到集中监管的过程。

## 三、证券市场监管的意义及原则

（一）证券市场监管的意义

证券市场监管是一国宏观经济监督体系中不可缺少的组成部分，对证券市场的健康发展意义重大。

第一，加强证券市场监管是保障广大投资者权益的需要。为保护投资者的合法权益，必须坚持公开、公平、公正的原则，加强对证券市场监管。

第二，加强证券市场监管是维护市场良好秩序的需要。为保证证券发行和交易的顺利进行，必须对证券市场活动进行监督检查，对非法证券交易活动进行严厉查处，以保护正当交易，维护证券市场的正常秩序。

第三，加强证券市场监管是发展和完善证券市场体系的需要。完善的市场体系能促进证券市场筹资和融资功能的发挥，有利于稳定证券行市，增强社会投资信心，促进资本合理流动，从而推动金融业、商业和其他行业以及社会福利事业的顺利发展。

第四，加强证券市场监管是提高证券市场效率的需要。一个发达高效的证券市场必是一个信息灵敏的市场，它既要有现代化的信息通讯设备系统，又必须有组织严密的、科学的信息网络机构；既要有收集、分析、预测和交换信息的制度与技术，又要有与之相适应的、高质量的信息管理干部队伍，而这些都只有通过国家的统一组织管理才能实现。

（二）证券市场监管的原则

第一，依法管理原则。市场管理必须依据强有力的法治建设划分有关各方面的权利与义务，保护市场参与者的合法权益，即证券市场管理必须有充分的法律依据和法律保障。

第二，保护投资者利益原则。由于投资者是拿出自己的收入购买证券，且大多数投资者缺乏证券投资的专业知识的技巧，只有在证券市场管理中采取相应措施，使投资者得到公平的对待，维护其合法权益，才能更有力地促使人们增加投资。

第三，公开原则。要促进所有上市证券的发行人完全公开一切能影响证券价格的材料，包括该企业的资产及其结构、负债情况、产销成本、损益及偿债能力等情况的详细说明，从而保证证券投资者能获得有关证券的充分信息。

第四，公正与公平原则。证券交易市场上要维护交易双方的合法权益，杜绝欺诈、操纵市场、内幕交易、虚假陈述等行为，使证券交易在公正、公平的环境下进行。

第五，国家监督与自律相结合的原则。在加强政府、证券主管机构对证券市场监管的同时，也要加强从业者的自我约束、自我教育和自我管理。国家对证券市场的监管是管好证券市场的保证，而证券从业者的自我管理是管好证券市场的基础。

# 四、证券市场监管的对象

证券监管的对象涵盖参与证券市场运行的所有主体，既包括证券经纪商和自营商等证券金融中介机构，也包括工商企业和个人。对于证券监管对象的设定，可以从不同角度加以阐述：

从证券市场参与主体之性质角度，证券监管对象就是参与证券市场活动的各法人和自然人主体。一般包括：①工商企业，即进入证券市场筹集资金的资本需求者，包括在证券交易市场参与交易的企业法人。②基金，既包括被作为交易对象的上市基金，也包括作为重要市场力量的投资基金（仅从不同角度看待）。③个人，大致包含两类：一类主要是证券市场上的投资者即资金供给者，另一类是各种证券从业人员。④证券金融中介机构，主要指涉及证券发行与交易等各类证券业务的金融机构。它既可以是专业的证券经纪商、承销商、自营商，也可以是银证合一体制下的商业银行和其他金融机构。⑤证券交易所或其他集中交易场所。证券交易所是提供证券集中交易的场所，并承担自律管理职能的特殊主体。它既包括传统的有形市场，也包括以电子交易系统为运作方式的无形市场。⑥证券市场的其他中介机构，包括证券登记、托管、清算机构以及证券咨询机构、会计师事务所、律师事务所、资产评估机构等。

从各证券市场主体之地位与角色角度，证券监管对象大致可分为四类：①上市对象（即筹资者），包括以股票、债券、基金等证券形式挂牌上市的各类市场主体；②交易对象（即投资者），包括所有参与证券买卖的市场主体；③中介对象，包括媒介证券发行与交易等各类活动，提供各类中介服务的上述金融机构、咨询机构、市场服务机构等；④自我管理对象，主要指证券集中交易场所。

一种较为权威的国际通行划分方式是法博齐和莫迪利亚尼所提出的，从证券监管活动的覆盖面出发，认为政府应采取四种形式对证券市场进行监管：信息披露监管，即要求证券发行人对现实或潜在购买者提供有关交易证券的公开财务信息；证券活动监管，包括对证券交易者和证券市场交易的有关规定（典型如对内幕交易的监管）；对金融机构监管；对外国参与者监管，其内容主要是限制外国公司在国内市场上的作用以及其对金融机构所有权的控制。

# 五、证券市场监管内容

## （一）证券发行监管

我国证券发行审核制度是政府在充分认识中国国情，并广泛吸收国际通行做法的基础上创造形成的。我国证券发行监管的基本法律依据是《公司法》和《股票发行与交易管理暂行条例》。股票公开发行实行两级审核制度。首先，发行申请人按照隶属关系，分别向省、自治区、直辖市、计划单列市人民政府或者中央主管部门提出公开发行股票的申请。在国家下达的发行规模内，地方政府对地方企业的发行申请进行审核，中央企业主管部门对中央企业的发行申请实行审核。初审通过后，由地方政府或中央企业主管部门将审核后的发行申报材料推荐至中国证监会审批，中国证监会在收到申报材料之日起 20 个工作日内出具审核意见书。目前，股票发行与上市实行连续进行的制度，被批准公开发行股票的公司同时可以向上海、深圳证券交易所提出上市申请。对证券发行中涉及法律、财务会计、资产评估及企业股份制发行方案设计等诸多问题，强调发挥各类专业服务机构的监督和服务功能。目前，中国证监会会同有关部门已经确认了一批专业服务机构和从业人员具有从事证券业务的资格。

（二）证券交易监管

证券交易监管主要是对证券交易场所的监督管理，基本法律依据是《股票发行与交易管理暂行条例》和《证券交易所管理办法》。目前，中国证监会对证券交易所进行直接管理。中国证监会任命证券交易所的总经理、副总经理，委派证券交易所非会员理事，提名证券交易所理事长、副理事长人选。中国证监会对证券交易所章程、业务规则的修改进行审批，接受证券交易所报批、备案、报告事项，对证券交易所业务活动进行监管，监督证券交易所正确履行各项职能，对证券交易所及其高级管理人员的违法违规活动进行处罚。

（三）上市公司监管

上市公司监管的重点是贯彻执行国家证券法规，规范上市公司及其关联人在股票发行与交易中的行为，督促其按照法规要求，及时、准确、完整地履行信息披露义务。上市公司信息披露的主要内容有定期报告和临时报告。定期报告包括年度报告和中期报告，主要内容是期内公司经营情况和财务会计资料，是投资者进行投资分析的主要依据。临时报告包括常规公告、重大事件公告、收购合并公告、股东持股变动公告等，主要是在上市公司发生可能对相关的信息。此外，还要依据法规规定，对上市公司的配股、重大变更事项（主要股东变更、大宗股权转让等）进行审核。

### （四）证券经营机构和专业服务机构的监管

证券经营机构的监管主要是对机构的设立进行审批，对机构高级经营管理人员的任职资格进行审查，对机构的经营业务进行日常监督、检查，对机构及其从业人员的违法违规行为进行查处等。

对证券中介服务机构的监管主要包括对从事证券业务的律师事务所、会计师事务所、资产评估机构、证券投资咨询机构、证券市场信息传播机构的资格管理和日常业务监督。

### （五）对投资者的监管

对投资者的监管主要是监督证券市场的投资者依照法规和规则公平进行投资活动，禁止内幕交易、操纵市场等证券欺诈活动，维护市场的正常交易秩序，保护全体投资者的利益。

依照现行法规的规定，中国证监会有权对涉嫌违法违规的证券交易活动进行调查，对参与违法违规活动的投资者进行行政处罚。触犯刑法、构成犯罪的，交由司法部门追究刑事责任。

## 六、证券公司风险控制指标及其标准

### （一）证券公司风险控制指标

根据《证券公司风险控制指标管理办法》，证券公司应当计算净资本和风险准备，编制净资本计算表和风险控制指标监管报表。

净资本是指根据证券公司的业务范围和公司资产负债的流动性特点，在净资产的基础上对资产负债等项目和有关业务进行风险调整后得出的综合性风险控制指标。计算公式为：

净资本＝净资产－金融产品投资的风险调整－应收项目的风险调整－
　　　　其他流动资产项目的风险调整－长期资产的风险调整－
　　　　或有负债的风险调整－（＋）中国证监会认定或核准的
　　　　其他调整项目

证券公司计算净资本，应当按照有关会计准则的规定，对自营证券、应收款项、长期投资、固定资产、在建工程、无形资产、抵债资产等项目充分计提资产减值准备。其中，自营证券应当按月、按单项提取跌价准备。证公司应当将流动资产和长期资产中的金融产品投资合并计算，统一进行风险调整。证券公司的股票投资，按照股票的分类和流动性情况采取不同比例进行风险调整。股票的分类中同时符合两个或者两个以上标准的，应当采用最高的比例进行风险调整。

对于证券公司违反规定超比例持有的证券投资，中国证监会及其派出机构可以要求证券公司在计算净资本时提高风险调整比例。

证券公司以自有资金参与本公司设立的集合资产管理计划的，应当在集合资产管理合同中对投入资金的数额、期限和承担责任等进行约定，并在计算净资本时根据承担的责任相应扣减公司投入的资金。

应收款项按照账龄的长短和可收回情况采取不同比例进行风险调整，账龄应当从业务发生时点开始计算。除存出保证金项目外，应收款项的分类中同时符合两个或者两个以上标准的，应当采用最高的比例进行风险调整。有证据表明难以收回的存出保证金项目，应当按账龄的长短进行风险调整。证券公司应当按照会计准则的有关要求，将逾期的拆出资金、买入返售证券、代兑付债券等项目转入应收款项科目核算，并按照应收款项的扣减原则进行风险调整。

证券公司应当在净资本计算表的附注中，充分披露公司期末或有事项的性质（如未决诉讼、未决仲裁、对外提供担保等）、涉及金额、形成原因和进展情况、可能发生的损失和预计损失的会计处理情况。对于很可能导致经济利益流出公司的或有事项，应当确认预计负债；对于不是很可能导致经济利益流出公司的或有事项，在计算净资本时，应当按照一定比例扣减或有负债。

证券公司借入次级债务的，可以在计算净资本时将所借入的次级债务按照一定比例计入净资本。证券公司向股东或其关联企业借入的期限在5年以上并具有次级债务性质的长期借款，可以在计算净资本时将所借入的长期借款按照一定比例计入净资本。

## （二）证券公司风险控制指标标准

证券公司经营证券经纪业务的，其净资本不得低于人民币2 000万元。证券公司经营证券承销与保荐、证券自营、证券资产管理、其他证券业务等业务之一的，其净资本不得低于人民币5 000万元。证券公司经营证券经纪业务，同时经营证券承销与保荐、证券自营、证券资产管理、其他证券业务等业务之一的，其净资本不得低于人民币 1 亿元。证券公司经营证券承销与保荐、证券自营、证券资产管理、其他证券业务中两项及两项以上的，其净资本不得低于人民币 2 亿元。

证券公司必须持续符合下列风险控制指标标准：①净资本与各项风险准备之和的比例不得低于 100%；②净资本与净资产的比例不得低于 40%；③净资本与负债的比例不得低于 8%；④净资产与负债的比例不得低于 20%；⑤流动资产与流动负债的比例不得低于 100%。

证券公司经营证券经纪业务的，必须符合下列规定：①按托管客户的交易结算资金总额的 2% 计算风险准备；②净资本按营业部数量平均折算额（净资本/营业部家数）不得低于人民币 500 万元。

证券公司经营证券自营业务的，必须符合下列规定：①自营股票规模不得超过净资本的 100%；②证券自营业务规模不得超过净资本的 200%；③持有一种非债券类证券的成本不得超过净资本的 30%；④持有一种证券的市值与该类证券总市值的比例不得超过 5%，但因包销导致的情形和中国证监会另有规定的除外；⑤违反规定超比例自营的，在整改完成前应当将超比例部分按投资成本的 100% 计算风险准备。

前款所称自营股票规模是指证券公司持有的股票投资按成本价计算的总金额；证券自营业务规模是指证券公司持有的股票投资和证券投资基金（不包括货币市场基金）投资按成本价计算的总金额。证券公司创设认购权证的，计算股票投资规模时，证券公司可以按股票投资成本减去出售认购权证净所得资金（不包括证券公司赎回认购权证所支出资金）后的金额计算。

证券公司经营证券承销业务的，必须符合下列规定：①证券公司承销股票的，应当按承担包销义务的承销金额的 10% 计算风险准备；②证券公司承销公司债券的，应当按承担包销义务的承销金额的 5% 计算风险准备；③证券公司承销政府债券的，应当按承担包销义务的承销金额的 2% 计算风险准备。计算承销金额时，承销团成员通过公司分包销的金额和战略投资者通过公司签订书面协议认购的金额不包括在内。证券公司同时承销多家发行人公开发行证券，发行期有交叉且发行尚未结束的，应当按照单项业务承销金额和对应比例计算风险准备。

证券公司经营证券资产管理业务的，必须符合下列规定：①按定向资产管理业务管理本金的 2％计算风险准备；②按集合资产管理业务管理本金的 1％计算风险准备；③按专项资产管理业务管理本金的 0.5％计算风险准备。

证券公司为客户买卖证券提供融资融券服务的，必须符合下列规定：①对单一客户融资业务规模不得超过净资本的 5％；②对单一客户融券业务规模不得超过净资本的 5％；③接受单只担保股票的市值不得超过该股票总市值的 20％；④按对客户融资业务规模的 10％计算风险准备；⑤按对客户融券业务规模的 10％计算风险准备。这里所称的融资业务规模是指对客户融出资金的本金合计，融券业务规模是指对客户融出证券在融出日的市值合计。

证券公司应当按上一年营业费用总额的 10％计算营运风险的风险准备。

中国证监会对各项风险控制指标设置预警标准，对于规定"不得低于"一定标准的风险控制指标，其预警标准是规定标准的 120％；对于规定"不得超过"一定标准的风险控制指标，其预警标准是规定标准的 80％。

## 七、期货公司风险监管指标及其标准

### （一）期货公司风险监管指标

根据《期货公司风险监管指标管理试行办法》，期货公司风险监管指标包括期货公司净资本、净资本与净资产的比例、流动资产与流动负债的比例、负债与净资产的比例、规定的最低限额的结算准备金要求等衡量期货公司财务安全的监管指标。

净资本是在期货公司净资产的基础上，按照变现能力对资产负债项目及其他项目进行风险调整后得出的综合性风险监管指标。计算公式为：

净资本＝净资产－资产调整值＋负债调整值－客户未足额追加的保证
金－（＋）其他调整项

期货公司应当按照分类、流动性、账龄和可回收性等不同情况采取不同比例对资产进行风险调整。对于持有的金融资产，按照分类和流动性情况采取不同比例进行风险调整，分类中同时符合两个或者两个以上标准的，应当采用最高的比例进行风险调整。对于应收项目，按照账龄及其核算的具体内容，采取不同比例进行风险调整，分类中同时符合两个或者两个以上标准的，应当采用最高的比例进行风险调整。

期货公司计算净资本时，应当按照企业会计准则的规定对相关项目充分计提资产减值准备。中国证监会派出机构可以要求期货公司对资产减值准备计提的充足性和合理性进行专项说明；有证据表明期货公司未能充分计提资产减值准备的，中国证监会派出机构应当要求期货公司相应核减净资本金额。期货公司可以将"期货风险准备金"等有助于增强抗风险能力的负债项目加回。除"期货风险准备金"外，期货公司认为某项负债需要在计算净资本时予以调整的，应当增加附注，详细说明该项负债反映的具体内容；中国证监会及其派出机构可以根据审慎监管原则决定是否同意对该项负债进行调整。

期货公司应当按照企业会计准则的规定确认预计负债。中国证监会派出机构可以要求期货公司对预计负债进行专项说明；有证据表明期货公司未能准确确认预计负债的，中国证监会派出机构应当要求期货公司相应核减净资本金额。

客户保证金未足额追加的，期货公司应当相应调减净资本。客户保证金在报表报送日之前已足额追加的，期货公司可以在报表附注中说明。未足额追加的客户保证金应当按期货交易所规定的保证金标准计算，不包括已经记入应收风险损失款科目的客户因穿仓形成的对期货公司的债务。

期货公司应当在净资本计算表的附注中，充分披露期末未决诉讼、未决仲裁等或有负债的性质、涉及金额、形成原因、进展情况、可能发生的损失和预计损失的会计处理情况，并在计算净资本时按照一定比例扣减。中国证监会及其派出机构可以根据审慎监管原则要求期货公司调整扣减比例。

期货公司借入次级债务的，可以将所借入的次级债务按照中国证监会规定的比例计入净资本。期货公司向股东或者其关联企业借入的具有次级债务性质的长期借款，可以在计算净资本时将所借入的长期借款按照中国证监会规定的比例计入净资本。

客户保证金未足额追加的，期货公司在计算符合规定的最低限额的结算准备金时，应当相应扣除。客户保证金在报表报送日之前已足额追加的，期货公司可以在报表附注中说明。未足额追加的客户保证金应当按期货交易所规定的保证金标准计算，不包括已经记入"应收风险损失款"科目的客户因穿仓形成的对期货公司的债务。

### （二）期货公司风险监管指标标准

期货公司应当持续符合以下风险监管指标标准：①净资本不得低于人民

币 1 500 万元；②净资本不得低于客户权益总额的 6％；③净资本按营业部数量平均折算额（净资本/营业部家数）不得低于人民币 300 万元；④净资本与净资产的比例不得低于 40％；⑤流动资产与流动负债的比例不得低于 100％；⑥负债与净资产的比例不得高于 150％；⑦规定的最低限额的结算准备金要求。

期货公司委托其他机构提供中间介绍业务的，净资本不得低于人民币 3 000 万元；从事交易结算业务的期货公司，净资本不得低于人民币 4 500 万元；从事全面结算业务的期货公司，净资本不得低于以下标准：①人民币 9 000 万元；②客户权益总额与其代理结算的非结算会员权益或者非结算会员客户权益之和的 6％。

期货公司应当每半年向公司全体董事提交书面报告，说明净资本等各项风险监管指标的具体情况，该书面报告应当经期货公司法定代表人签字确认。期货公司应当每半年向公司全体股东提交书面报告，说明净资本等各项风险监管指标的具体情况，该书面报告应当经全体董事签字确认，并应当取得股东的签收确认证明。

风险监管指标与上月相比变动超过 20％的，期货公司应当向公司住所地中国证监会派出机构书面报告，说明原因，并在 5 个工作日内向全体董事和全体股东书面报告。风险监管指标达到预警标准的，期货公司应当于当日向公司住所地中国证监会派出机构书面报告，详细说明原因、对公司的影响、解决问题的具体措施和期限，还应当向公司全体董事书面报告。期货公司风险监管指标不符合规定标准的，期货公司除履行上述程序外，还应于当日向全体股东书面报告。

# 第四节　外汇市场监管统计

## 一、外汇市场风险及其种类

外汇市场是一个高风险的市场，伴随着外汇市场的开放程度加大，相对应的外汇风险也会随之上升。开放外汇市场，意味着本国经济更加容易受到全球经济波动和金融危机的影响。国际经验证明，如果对外汇市场风险不加以防范和化解，会给整个市场经济带来许多不利影响，甚至有可能引起经济危机，影响整个国家的经济稳定。因此，对于外汇市场的风险，必须保持清醒的认识，随时注意外汇市场中的异常现象，并提前化解或者将危害降低到最低程度。

### （一）外汇兑换风险

外汇兑换风险是指不同货币之间进行兑换时，由于汇率的变动而产生的经济利益上的潜在损失。

外汇兑换风险包含两方面：一方面，外汇兑换可能引起汇率波动，使本国经济受到全球经济和金融危机的影响；另一方面，外汇兑换会使得本国汇率与他国汇率差距加大，从而产生投机机会，吸引短期投机者参与其中，推动投机性资本流动，进一步影响本国经济的稳定。例如，墨西哥和亚洲金融危机的发生就与外汇兑换风险有着密切联系。

### （二）外汇交易结算风险

外汇交易结算风险是指在未来将本国货币与外币进行兑换结算时所面临的风险。由于将来的汇率不可预测，因而在将来某个时期进行外汇结算交易时存在兑换风险。这通常是外贸企业或者是国际交易的国家会面临的风险。

### （三）国家风险

外汇市场中的国家风险也称为政治风险。国家风险主要包括两个方面：一方面是指企业或者个人的外汇交易因国家强制终止所造成损失的可能性，如一国在政权变更后，突然宣布废除当前货币，就会带来巨大的资产风险；另一方面是指国家政策变动或者国家政权变动而引起本国汇率的剧烈变动。

## 二、外汇市场监管的意义

外汇市场监管是一个国家宏观监管体系中不可缺少的一部分，对外汇市场的健康有序发展有着十分重要的意义。

第一，加强外汇市场监管是保障广大投资者的需要。为了保护投资者的合法权益，必须本着公平、公正、公开的原则对外汇市场进行监管。

第二，加强外汇市场监管是维护市场良好秩序的需要。为了保证所有外汇交易的顺利进行，必须对外汇市场活动进行监督检查，对非法外汇交易进行严厉查处，以维护良好的市场秩序。

第三，加强外汇市场监管是维护外汇体系的需要。完好的外汇市场体系能够促进外汇市场资本融通功能的发挥，有利于稳定外汇市场，有利于调整外汇储备资产的比重结构，有利于促进各种货币资本的良好流通，从而促进各国经济和全球经济的发展。

第四，加强外汇市场监管是提高外汇市场交易效率的重要保证。一个发达高效的外汇市场一定是一个有效信息市场。该市场具备现代化信息通讯系统，也包含着严密的信息网络，而这样的有效信息市场一般只有通过国家组织才能够建立起来。

# 三、外汇市场监管内容

## （一）对外汇账户（境内）的监管

对外汇账户的监管具体包括：

①经常项目与资本项目账户分开使用，不能串户。

②境内机构只有符合特定的要求，才可开立经常项下的外汇账户，且应当经外汇管理局批准。

③外商投资企业开立经常项目的外汇账户，必须向外汇管理局申请，且账户余额应控制在外汇管理局核定的最高余额以内。

④境内机构、驻华机构一般不允许开立外币现钞账户；个人及来华人员一般不允许开立用于结算的外汇账户。

## （二）对收汇和结汇的监管

对收汇和结汇的监管具体包括：

①1998年12月1日各地外汇调剂中心全部关闭后，所有机构个人只能到外汇指定银行办理结汇。

②境内机构的经常项目外汇收入必须调回境内，不得擅自存放境外。

③境内机构除符合特殊条件，并经外汇管理局同意外，其经常项目下的外汇收入必须办理结汇，外商投资企业超过外汇管理局核定的最高限额的经常项目下外汇收入必须办理结汇。

④除出口押汇外的国内外汇贷款和中资企业借入的国际商业贷款不得结汇，境内机构向境外出售房地产及其他资产收入的外汇应当结汇，其他资本项目下的外汇未经外汇管理局批准不得结汇。

### （三）对购汇和付汇的监管

对购汇和付汇的监管主要包括：

①除少数例外，境内机构的贸易及非贸易经营性对外支付用汇，须持与支付方式相应的有效商业单据和有效凭证从其外汇账户中或者到外汇指定银行兑付；境内机构偿还境内中资金融机构外汇贷款利息，持外汇（转）贷款登记证、借贷合同及债权人的付息通知书，从其外汇账户中支付或到外汇指定银行兑付。

②外商投资企业外方投资者依法纳税后利润、红利的汇出，持董事会分配决议书和税务部门纳税证明，从其外汇账户中支付或到外汇指定银行兑付。

③境内机构偿还境内中资金融机构外汇贷款本金，持外汇（转）贷款登记证、借贷合同及债权机构的还本通知书，从其外汇账户内支付或到外汇指定银行兑付；其他资本项目下的用汇，持有效凭证向外汇管理局申请，凭外汇管理局的核准件从其外汇账户中支付或到外汇指定银行兑付。

④外商投资企业的外汇资本金增加、转让或者以其他方式处置，持董事会决议，经外汇管理局核准后，从其外汇账户中支付或者持外汇管理局核发的售汇通知单到外汇指定银行兑付；投资性外商投资企业外汇资本金在境内投资及外方所得利润在境内增资或者再投资，持外汇管理局核准件办理。

### （四）对银行间外汇市场监管

我国的银行间外汇市场是指经国家外汇管理局批准可以经营外汇业务的境内金融机构（包括银行、非银行金融机构和外资金融机构）之间通过中国外汇交易中心进行的人民币与外币之间的交易市场。外汇市场由中国人民银行授权国家外汇管理局监管，交易中心是在中国人民银行领导下的独立核算、非营利性的企业法人，交易中心在国家外汇管理局的监管下，负责外汇市场的组织和日常业务管理。

交易中心为外汇市场上的外汇交易提供交易系统、清算系统以及外汇市场信息服务。外汇市场按照价格优先、时间优先的成交方式，采取分别报价、撮合成交、集中清算的运行方法。交易中心实行会员制，只有会员才能参与外汇市场交易。会员大会是交易中心的最高权力机构，每年召开 1 次。交易中心设立理事会，为会员大会闭会期间的常设机构。理事会成员不得少于 9 人，由非会员理事（不少于1/3）和会员理事组成。理事会每届任期两年，会员理事连任不得超过两届。会员理事由会员大会选举产生，非会员理事由国家外汇管理局提名，会员大会选举产生。理事会设理事长 1 人，由非会员理事担任，经国家外汇管理局提名，理事会选举产生；副理事长 3 人，其中非会员理事 1 名，会员理事 2 人，由理事会选举产生。

### （五）对汇率的监管

对汇率的监管是对汇率制度和汇率水平进行的管理和监督，主要包括：

①直接管制汇率，由一国政府或中央银行来制定、调整和公布汇率，即实行所谓的官定汇率。官定汇率成为市场实际使用的汇率，以使汇率水平符合官方政策的需要。

②间接调节市场汇率。监管机构对汇率不进行直接的干预，而是让汇率自发调节外汇市场供求，当市场汇率波动剧烈时，中央银行利用外汇平准基金买进或抛售外汇或本币，使市场汇率稳定。另外，中央银行通过货币政策的运用，主要是利用利率杠杆来影响汇率。

③实行复汇率制度，一国通过外汇管制，而使本国货币汇率有两个以上的表现形式。具体形式如实行差别汇率，对进口和出口规定不同的汇率；对贸易活动和金融活动采用不同的汇率，或对不同的商品规定不同的汇率；再如实行外汇转移证制度。

我国对外汇汇率的监管，在银行结售汇市场上，表现为要求外汇指定银行根据中国人民银行每日公布的人民币汇率中间价和规定的买卖差价幅度，确定对客户的外汇买卖价格，办理结汇和售汇业务。在银行间外汇市场上，表现为外汇交易应在中国人民银行公布的当日人民币市场汇率及规定的每日最大价格浮动幅度内进行。

# 第五节　统计学在金融市场中的应用

当前，我国金融市场随着经济格局的变动以及互联网技术的成熟，金融市场中出现的新形势以及新问题要求金融市场监管机构对其进行规范，这就要求充分利用统计学中的统计模型对金融市场发展的规律以及变动趋势进行分析，在顺应金融发展整体形势的同时解决金融市场潜在的风险。

当前，随着我国经济发展对经济发展质量的要求越来越高，我国实体经济发展面临创新以及转型，金融工具作为促进我国实体经济发展的重要推动力量，通过统计学的相关方法与模型对金融市场的发展规律以及相关问题进行研究，可以有效地发现金融发展过程中存在问题，进而规避金融风险，更好地通过资本运作以及金融投资促进实体经济发展、构建经济新格局。当前，我国金融市场随着经济格局的变动以及互联网技术的成熟，传统的金融机构以及互联网金融都得到了迅速发展，金融市场中出现的新形势以及新问题要求金融市场监管机构对其进行规范，这就要求充分利用统计学中的统计模型对金融市场发展的规律以及变动趋势进行分析，在顺应金融发展整体形势的同时解决金融市场潜在的风险。

为了进一步研究统计学在金融市场发展中的重要作用，这里首先对当前金融市场中出现的新情况、新问题进行分析；其次，对强化统计学在金融市场中运用的重要性以及必要性进行分析；最后，对如何充分利用统计分析方法帮助金融监管部门规范金融市场发展、规避风险提出政策建议。

## 一、金融市场新形势

当前，随着实体经济的转型以及互联网金融的迅速发展，产业转型创新的时代背景之下我国金融市场在发展过程中呈现出各种新的变化以及趋势，体现在以下几个方面。

### （一）互联网金融发展迅速且规模迅速扩张

互联网金融作为区别于我国传统金融业务形式的金融形式，其迅速发展为我国实体经济发展具有重要的支撑作用。但是，由于互联网金融的交易方式以及相关的金融产品服务具有一定的虚拟性，导致其在发展中有许多潜在的金融风险不能够被及时有效地识别并解决，不利于金融整体市场的运转以及资本的规范化操作。由此可见，由于互联网金融产品以及交易的复杂性直接导致金融市场的发展具有一定的不稳定性，由于是支付宝等现代支付手段的多元发展以及互联网金融产品服务的增多，导致金融市场所涵盖的客户也在不断增多，一旦发生金融风险，有可能引起社会问题。

### （二）金融市场规模增大的同时潜在风险增多

金融市场作为资本运作的主要场所，其迅速发展导致金融市场上的信贷风险以及其他风险增多，既不利于促进实体经济的发展也不利于金融市场的稳定。金融业务的多元化发展以及金融服务范围的增大，如果不对相关金融服务的业务环节进行"全过程－全方位"的跟踪和分析，将有可能在金融产品和服务的不同环节引发金融风险的发生。这种情况下，一方面影响金融机构整体服务效率和效益的提升，另一方面影响客户的权益。

（三）传统的市场监管机制已经不能够对当前金融市场发展中存在的问题以及相关风险进行及时地发现并解决

金融监管部门以往的工作主要是对传统的信贷风险、违规操作等一系列资本运作中存在的问题进行监管，但是，随着金融市场中互联网金融的发展以及移动支付等新兴方式的出现严重影响了金融的稳定发展。传统的金融市场监督管理部门已经不能够对当前的金融市场进行系统的监管，不仅缺少必要的新型金融人才，而且对当前金融市场中出现的金融问题，没有相应的解决管理办法。由此可见，对金融市场上新兴的金融服务形式需要利用金融工程的有关知识进行系统的研究，从而实现规范金融市场发展的目的。

## 二、统计学在金融市场中的重要作用

加强统计学在金融市场中的运用不仅仅有利于通过大数据分析发现金融市场上金融产品与服务的需求情况，而且有利于对金融市场潜在的风险进行分析并解决。统计学在金融市场中的作用主要表现为以下三个方面。

（一）统计学有利于帮助相关监管部门识别金融市场中的风险

金融市场的发展与运行具有一定的规律和运作趋势，通过大数据信息系统可以有效地对金融市场发展的情况进行收集并分析，对于金融运作中出现的一些特殊情况进行分析，并观察是否存在风险。通过风险分析找出问题所在点，从而解决潜在风险和问题。

（二）将金融学与统计学进行深入融合有利于进一步完善金融产品与服务的研发

统计学可以有效地运用数理工具对金融产品在研发时就进行合理的规避风险，并对不同类型的产品和业务进行优化配置。金融工程对金融产品的研发可以有效地提升金融机构的收益，并从金融产品研发时注重风险的规避，从而优化金融市场的运行机制。

（三）将统计分析方法运用于金融经济可以有效地促进其长远发展

面对金融中出现的新的产业形式以及新的问题，统计分析可以有效地甄别出新的问题和找出金融发展新规律，从而有效地提升我国金融发展的质量。将统计学和金融学深入融合是传统金融市场和互联网金融发展的必然发展趋势。

## 三、统计学在金融市场中运用的有效路径

通过对当前我国金融市场发展中不断涌现的新形势、新业务进行分析可以发现，有效地加强统计学和金融学的深入融合，并完善其在金融市场中的运用需要做到以下三个方面。

（一）通过大数据信息技术以及统计学完善金融工程的发展，提升金融工程质量

金融工程作为统计学延伸发展的重要组成部分，充分利用金融工程的技术指导金融产品的研发、组合到销售，从而实现金融产品组合效益的最大化，不仅可以有效地提升金融机构的产品销售量，而且可以有效地维护相关金融产品服务购买者的合法权益。

（二）构建金融信息云平台

通过金融信息云平台对金融市场上的交易情况进行分析和研究，对金融市场上产品服务的交易信息进行收集，找出不同类型消费者对金融产品消费的不同偏好，从而有针对性的对相关的金融产品进行研发，实现精准营销和准确的市场细分，达到提升金融机构盈利能力的目的。金融交易云信息平台可以有效地找出金融产品和服务的优缺点，通过调整产品设计可以有效地满足市场上消费者的需求。

（三）利用大数据技术提升金融监管机构的监督管理水平

大数据信息技术的发展可以有效地提升金融监管机构的监管效率，充分将大数据信息技术完善统计分析模型，通过对金融市场上的交易信息进行收集可以有效地发现金融发展的异常波动情况，相关工作人员通过设立的监管平台对交易信息进行监管，对交易过程中的违规操作进行及时的制止的处理。

大数据时代背景下金融市场上业务越来越复杂，金融服务不同环节所面

临的问题也越来越多，这就要求金融市场的金融机构在金融产品服务研发、销售等不同环节加强控制，从而实现规范金融市场发展、规避金融风险的目的。随着我国经济发展对经济发展质量的要求越来越高，我国实体经济发展面临创新以及转型，金融工具作为促进我国实体经济发展的重要推动力量，通过统计学的相关方法与模型对金融市场的发展规律以及相关问题进行研究，可以有效地发现金融发展过程中存在问题，进而规避金融风险。因此，规范我国金融市场的稳健发展需要不断地加强统计学与金融学的深入融合，利用不同的工具促进金融市场的发展与我国整体经济发展水平的提升。

# 第七章 社会统计综合分析研究

## 第一节 社会统计学概念

### 一、社会统计学的研究范围

#### （一）广义社会统计与狭义社会统计

为了明确社会统计的范畴，首先应了解"社会"一词的含义。"社会"这个概念有广义与狭义之分。广义社会指"由一定的经济基础和上层建筑构成的总体。也叫社会形态"。人们常说的原始社会、奴隶社会、封建社会、资本主义社会、社会主义社会就是这个广义上的社会概念。

狭义社会是与经济相对应的一个概念，它不包含经济的内容。马克思在《雇佣劳动与资本》一文中指出："生产关系总合起来构成为所谓社会关系，构成为所谓社会"。这里所说的社会是不包含生产力变化的经济内容的狭义概念。正因为社会有广义与狭义之分，所以，社会统计也有广义与狭义之分。

#### （二）狭义社会统计学的三种研究范围

同是狭义社会统计学，所包括的具体研究范围不尽相同。归纳起来，主要观点有三种：一是将宏观性的社会经济统计学分为经济统计学与社会统计学两门学科，其中，社会统计学包括除经济统计学内容之外的所有内容。如人口统计、教育统计、科技统计、环境统计等。二是将宏观性的社会经济统计学分为经济统计学、社会统计学、科技统计学三门学科，构成经济、社会、科技三位一体的学科架构。三是将宏观性的社会经济统计学分为经济统计学、社会统计学、科技统计学、环境统计学四门学科，构成经济、社会、科技、环境四位一体的学科架构。虽然人们对社会统计学研究范围的界定是不同的，但是，有一点是共同的，就是要将社会统计学从社会经济统计学中独立出来。当然，这并不意味着社会统计学的研究要完全脱离经济统计学、科技统计学、环境统计学的研究，而应结合经济统计学、科技统计学、环境统计学等的内容研究社会统计学。社会统计学与经济统计学、科技统计学、环境统计学等并不是完全独立的，而是互有交叉与重叠。

为了形象地表示社会统计学的研究范围及其与其他学科的关系，人们分别针对上述三种观点绘制了社会统计学研究范围示意图，并分别称之为二环结构、三环结构、四环结构。

## 二、社会统计指标的主要类别

社会统计指标包括的范围较广，分类标志也很多，这里主要介绍其中的两类。

### （一）主观指标与客观指标

客观指标指居民个人、社会群体、社会事物的自然属性和社会属性，它是对社会现象的客观反映，说明客观现象是什么。例如，个人的年龄、性别、职业、收入；社会群体的规模、结构等。主观指标是指居民个人或社会群体对客观事物的意愿、要求、态度、评价等，它是对社会现象的主观反映，说明客观现象怎么样。例如，居民对计划生育的态度、公众对社会安全的感受、人们对价格上涨的承受能力等。

为什么要开展主观指标的搜集工作呢？主要基于两点考虑。

1. 主观指标反映了社会主义生产目的的要求

社会主义生产目的是最大限度地满足人们物质和文化生活的需要，这只是一个质的概念，如何从量上反映社会主义生产目的的实现程度呢？人们常用一些客观指标来反映，如居民消费、人均国内生产总值等。从严格意义上说，这些指标只从客观上回答了人们物质文化生活已经达到了怎样的水平，并未从主观上反映是否满足了居民的需要。社会主义生产目的既然是满足"人们"的需要，那么"人们"对是否满足需要就最有发言权。主观指标反映的正是公众的主观意愿、感受、态度，通过主观指标能够反映社会主义生产目的的实现程度。

2. 补充客观指标的不足

在对客观事物进行统计描述时，既可以用客观指标，也可以用主观指标，但二者反映的角度是不同的。客观指标是从外向里看，主观指标是从里向外看。例如，对社会治安状况的统计描述，可以用犯罪率、破案率、受害人数等客观指标反映，也可以用公众对社会治安的满意程度（主观指标）来反映。犯罪率反映犯罪规模和程度，破案率反映社会治安的维护程度，受害人数反映受害程度。犯罪率、破案率、受害人数分别从某个侧面反映社会治安状况。而公众对社会治安的满意程度可以综合反映社会治安的总体水平。可见，主观指标与客观指标互相补充、互为验证，缺一不可，因而不能把二者对立起来。

主观指标通常采用抽样调查法直接向被调查者采访或采用问卷方式取得资料，然后根据搜集到的资料进行综合汇总。这种统计结果是对公众主观态度的客观反映，因此主观指标值本身是客观的。

## （二）定类指标、定序指标、定距指标与定比指标

定类指标、定序指标、定距指标、定比指标是分别用定类尺度、定序尺度、定距尺度、定比尺度测量得到的统计结果。用定类尺度测量的指标为定类指标，用定序尺度测量的指标为定序指标，用定距尺度测量的指标为定距指标，用定比尺度测量的指标为定比指标。

定类指标、定序指标、定距指标、定比指标是有一定层次的，后一种指标比前一种指标的层次高，较高一级层次指标既包括较低一级层次指标的统计功能，又具有自身的统计功能。例如，定类指标的统计功能只是分类，定序指标不仅能反映统计客体的类别，还能反映统计客体的顺序。从统计处理方法上看，低层次统计指标所允许的统计处理方法较少，高层次统计指标所允许的统计处理方法较多。

与经济统计相比，社会统计的一个特点是不仅仅使用定序指标，而且还更多地使用定类指标、定序指标、定距指标，由于每类指标所允许的统计处理方法不同，因此，在实际应用时应注意以下几点：

第一，应尽量选用较高层次的统计指标。很多情况下，对于同一现象可以用不同类型的指标反映。例如，对于人民生活水平可以用富裕、较富裕、一般、较贫困、贫困这种定序指标反映，也可以用工资总额、人均收入、人均住房面积、人均粮食消费量等定比指标反映。由于用较高层次统计指标得到的资料能使用更多的统计处理方法，所以，在设计指标时，应尽量选用较高层次的统计指标。

第二，应尽量采用同一层次的统计指标。尽管对同一研究对象可以采用不同类型的统计指标进行描述，但是，当较低层次的统计指标引入指标体系时，就会降低其测量层次。例如，为反映企业经营状况选用了下列五个指标来计算综合指标值：工业增加值、利润总额、销售总额、工业总产值增长速度、经济效益好（或中，或差），前四个指标属于定比指标，最后一个指标属于定序指标。由于定序指标的引入，在对这五个指标进行综合处理时，就不能采用定比指标所允许的统计处理方法，只能采用定序指标所允许的统计处理方法。这样，就会限制很多统计方法的采用。

第三，不能不加分析地直接将定序指标或定类指标转化成高层次统计指标。例如：对于文化程度，可以分别用 1、2、3、4、5 代表文盲、小学、初中、高中、大学。在这里，1、2、3、4、5 只是一种虚拟变量，属于定序指标。由于定序指标无法确定各等级间的距离，因此，它只反映各等级顺序上的差别，以确定 $1<2<3<4<5$，无法确定 1 和 2 之间的距离与 4 和 5 之间的距离是否一样大。因此，不能直接将 1、2、3、4、5 相加，也不能根据 1、2、3、4、5 计算平均受教育水平。因为，定序指标无法进行加减或乘除运算。

# 第二节　社会人口统计分析

## 一、人口总量统计

人口规模及其变动状况是最基本的人口现象，人口总量统计不仅为了解人口规模、解读人口特征、把握人口变动趋势提供信息，也可为国家宏观管理提供决策依据。

（一）人口总量及其测量指标

人口总量既可以从存量角度理解，也可以从流量角度理解，还可以从平均量的角度理解。本部分将分别阐述这几个问题。

1. 时点人口

人口数量统计看起来简单，实际上很复杂，原因在于人口数量无时无刻不在变化——由出生而增加，由死亡而减少。

人口数量指一定时点、一定地区有生命人口的总和。这里要注意两点：一是人口数是指一定时点、一定地区的人口，这就从时间和空间上将人口数量统计进行了规定。

常用的反映人口总量的时点指标有年（期）初人口，年（期）末人口，普查时点人口等。时点人口的资料来源有两个：一是人口普查，二是经常性的人口登记。通过经常性的人口登记可以获得年初人口或年末人口。

2. 平均人口

时点人口可以反映人口规模，但它的明显不足是反映的只是某一时点的人口。而人口规模在不同时点上的差别有时很大，例如，结婚人口、死亡人口、流动人口等。因此，有必要计算平均人口。

3. 人口存量与人口流量的含义及种类

人口存量和人口流量的界定需要从两个方面来考虑，一个是从时间上来界定，一个是从空间上来界定。从时间上来界定有两种处理方法，即将时间界定在一定时点上或将时间界定在一定时期内。从空间范围上来界定也有两种处理方法，即强调人口的当前状态或强调人口的状态转移。人口存量属于前者界定法，人口流量属于后者界定法。

4. 从流量角度研究人口发展规模的必要性

第一，与存量相比，流量所起的作用不同。存量反映某一时点人口发展的总规模，流量反映某一时期人口发展的总规模。为了从不同角度反映人口发展全貌，必须设置不同的指标。在经济统计中，人们也经常从存量与流量角度对同一客体设置指标。例如，一定时期内生产领域劳动者新创造的物质财富用国民收入表示，某一时点拥有的物质财富用国民财产表示，国民收入与国民财产的含义不同，作用不同，二者不能互相取代。再比如投资（总投资——流入量、资本消耗——流出量）与资金、货币的支出与货币量等都是相对应的流量与存量指标。在人口统计中，也应分别从存量与流量角度设置指标。

第二，与平均指标相比，流量侧重的角度不同。平均人口反映一定时期内人口发展的平均规模，人口流量反映一定时期内人口发展的最大规模。实际生活中，许多社会经济活动的安排如果只依据平均人口将会产生较大的缺口。其主要原因有如下。

其一，增加人口的发生早于减少人口。用平均人口反映人口规模的假设前提是：人口变动为均匀分布。若不符合该假设，则计算出的平均人口就与实际人口的平均生存人年数不符。

其二，也许有人会说，实践中会出现增加人口的发生早于减少人口发生的情况，也会发生增加人口的发生晚于减少人口发生的情况，二者互相抵消。即使是这样，也会发生短缺现象。假设人口的增减按最理想的方式变动——均匀发生的，即每个月增加 2 万人，减少 1 万人，人口净增 1 万人，由于工资的发放、福利的分配等是按月进行的，虽然净增人口为 1 万人，但各种供应却是在原有基础上又增加了 2 万人的份额，减少的 1 万人，在当月的供应份额不减，若按平均人口（净增人口）安排生产和生活也会产生供应短缺。

其三，根据流量与存量的关系可知，人口总体流量等于期初人口与本期增加量（或期末人口与本期减少量）之和，而平均人口指期初人口与期末人口的平均值，这样，平均人口与人口流量间就存在一个差额，其差额的大小与增减量有关。当增减量为零时，平均人口等于人口总体流量，当增减量加大时，平均人口与人口总体流量的差额也加大。由于中国人口变化的绝对额较大，致使平均人口与人口流量的差额也较大。

综上所述，平均人口存在一定局限性，为弥补其不足，有必要用流量指标加以补充。这与防洪堤坝的设计要依据历史最大洪峰流量而不是平均流量的道理类似。

## （二）人口存量——流量基本表式

人口存量——流量表分为综合表式与分解表式。综合表式是对人口总体的流入量与流出量进行综合反映的表式。分解表式是对人口总体按不同标志进行分组形成的表式。

# 二、人口结构统计

## （一）人口结构的类别

人口是一个具有多种规定和关系的统计总体，它可以从不同的角度进行观察和分析，因此形成多种分类标志。根据人口结构的性质大致可以分为三大类：人口的自然结构、人口的地域结构和人口的社会经济结构。

人口的自然结构是按人口的自然标志将人口划分为各个组成部分而形成的人口结构，主要包括人口的性别结构和年龄结构。人口的年龄结构常与性别结构结合起来，称为性别年龄结构，性别年龄结构是研究人口再生产、进行人口预测、研究人口和经济关系以及其他人口结构的基础。

人口的地域结构是按地域标志将人口划分为各个组成部分而形成的人口结构，主要包括人口所在地的自然地理结构、行政区域结构和城乡结构。

人口的社会经济结构是按一定的社会标志和经济标志将人口划分为各个组成部分而形成的人口结构，主要包括人口的阶级结构、民族结构、宗教结构、教育程度结构、婚姻家庭结构、劳动力资源结构、在业人口的行业结构和职业结构等。

人口的各种结构存在着一定的相互关系。因为，它们既然体现着人口内部各种不同规定性的比例关系，而且统一于人口这个总体之中，就不会是各不相干和互不联系的。

## （二）性别构成统计

人口的性别结构指人口中的两性比例关系，它不仅决定了婚姻和家庭状况，也对经济发展和就业安排产生重要影响。性别比例失调不仅影响经济建设，也会引发一系列的社会问题。因此，人口性别构成统计是十分重要的。

## （三）年龄结构统计

人口的年龄结构是过去几十年来人口出生、死亡及迁移的结果，也是影响人口自然变动及今后人口发展的基础。

### 1. 年龄结构的分组法

人口年龄结构一般用年龄别，或年龄组人口占总人口的百分比表示，分别得到年龄别人口构成或年龄组人口构成。年龄别分组法以人口的自然年龄为组距进行划分，如0，1，2……岁等。年龄组分组法以某一段年龄为组距进行划分，常用的年龄组分组法有：5岁年龄组；10岁年龄组等；少年儿童（0～14岁）、成年人口（15～64（或59）岁）、老年人口（65岁或60岁以上）等。

### 2. 人口年龄结构的类型

人口年龄结构通常分为三种：年轻型、成年型和年老型。划分人口年龄结构类型的指标有：老年人口系数，少年儿童人口系数，老少比，年龄中位数等。许多学者都对人口年龄结构的类型进行了研究，所采用的标准和结论并不完全一致。

应该注意的是，年轻型、年老型与人口年轻化、人口老年化是两种不同的概念。年轻型和年老型指人口年龄结构的现实结果，反映年龄结构的状态。人口年轻化和人口老年化则说明人口年龄结构的变化趋向，强调的是动态变化过程，说明某一人口总体正在向年轻型或年老型发展，或者是更加年轻化、更加老年化。

人口年龄结构类型不同，必然导致未来人口增长速度的不同。少年儿童比重大，意味着未来进入婚龄的人数也较多，在妇女生育率不变的条件下，人口出生率必然高。又由于老年人口的死亡率高于其他年龄组的死亡率，故老年人口系数低意味着总死亡率低。年轻型人口的国家出生率高、死亡率低，人口增长速度必然快。年老型人口的国家，由于少年儿童比例相对低，老年人口比例相对高，从而出生率相对低，死亡率相对高，人口增长速度必然低。正因为如此，可以通过人口年龄结构对今后人口增长速度的影响，反映人口的发展变化趋势。

瑞典人口学家桑德巴根据现有人口年龄构成与未来人口出生率及自然增长率的关系将人口构成分为三种类型：增长型、稳定型和减少型。

## （四）人口年龄金字塔

在人口统计中，为了形象地说明分性别的人口年龄构成，通常将性别分组与年龄分组结合起来，并用几何图形表示出来，形成底宽上窄的塔形图，根据该图的形状特点取名为人口年龄金字塔。

人口年龄金字塔的横轴表示人口数或人口构成，其中左侧表示男性人口，右侧表示女性人口；纵轴表示年龄。人口年龄金字塔可以用年龄别数据来绘制，也可以用年龄组数据来绘制。

不同的金字塔形标志着由出生率和死亡率所决定的年龄构成特征。如果人口年龄金字塔的塔底和塔顶的宽度非常接近，说明该国（地区）人口的出生率和死亡率都较低，人口的平均寿命较长，人口的增长速度较慢。如果人口年龄金字塔呈底宽顶尖形，则说明该国人口出生率和死亡率都较高，人口平均寿命较低，人口属于增长型。

# 第三节　劳动力与就业、失业统计

## 一、劳动力统计分析

劳动力统计分析的内容十分丰富，方法也灵活多样，最常用的包括劳动力总量、劳动力结构、劳动力变动三个方面的分析。

（一）劳动力总量分析

1. 劳动力资源占总人口的比重

人口是劳动力的基础。人口规模在很大程度上决定了劳动力的数量。劳动力资源总量指标（即 16 岁及以上人口数）是劳动力统计中口径最大的一个指标，也是人口与劳动力之间的一个衔接指标。计算劳动力资源占总人口的比重，可用来分析劳动力资源未来的发展趋势。一般来说，未出现"人口老龄化"现象时，劳动力资源比重低说明未达到劳动年龄的人口所占比重较大，则未来的劳动力资源发展趋势为增长，反之劳动力资源比重高则说明未来的劳动力资源总量将是逐步减少。劳动力资源比重的计算公式是：

劳动力资源占人口的比重＝劳动力资源总量/总人口数×100％

2. 经济活动参与率（简称参与率）

经济活动参与率指标有三种，一是总人口参与率，二是劳动力资源参与率，即一般参与率，三是分年龄性别人口参与率。计算公式分别为：

总人口参与率＝经济活动人口数/总人口数×100％

劳动力资源参与率＝经济活动人口数/劳动力资源总量×100％

分年龄人口参与率＝某年龄经济活动人口数/同一年龄人口数×100％

（分性别人口参与率＝某性别经济活动人口数/同一性别人口数×100％）

从上述公式可以看出，经济活动参与率指标主要是反映一定人口中参与社会经济活动人口的比率，用于说明人们参与、从事社会经济活动的普遍程度。影响经济活动参与率主要有两类人：第一类是 16 岁以上的在校学生。这部分人增加，意味着国家教育事业，尤其是高等教育事业的发展。第二类是家务劳动者的人数，在家务劳动逐步社会化的新形势下，这部分人占的比重具有越来越小的趋势。需注意的是，经济活动参与率并不是越高越好。比如

16岁以上在校学生增多会引起经济活动参与率降低，这反而是社会进步的一个标志。从各国资料也可看出，我国经济活动参与率比发达市场经济国家要高得多，其主要原因就是我国高等教育还不够发达，青年过早地参与了社会经济活动。

### 3．劳动力资源就业率

劳动力资源就业率指劳动力资源中就业人员的比重，反映一定时期内劳动力资源的实际利用情况，说明16岁及以上人口的就业水平。该指标也可以分年龄或分性别计算。

劳动力资源就业率＝就业人员数/劳动力资源数×100％

### 4．失业率

失业率是反映劳动力市场上劳动力失业程度的指标，亦被用来说明劳动力市场的供求状况。它是指一定时期全部就业人口中有工作意愿而仍未有工作的劳动力比重，计算公式为：

失业率＝失业人员数/经济活动人口数×100％

通常情况下，也可以使用下面这个公式：

失业率＝失业人员数/（失业人员数＋就业人员数）×100％

通过该指标可以判断一定时期内全部劳动人口的就业情况。一直以来，失业率数字被视为一个反映整体经济状况的指标，而它又是每个月最先发表的经济数据，所以失业率指标被称为所有经济指标的"皇冠上的明珠"，它是市场上最为敏感的月度经济指标。一般情况下，失业率下降代表整体经济健康发展，面临货币升值压力；失业率上升代表经济发展放缓衰退，面临货币贬值压力。若将失业率配以同期的通胀指标来分析，则可知当时经济发展是否过热，是否构成加息的压力，或是否需要通过减息以刺激经济的发展。

## （二）劳动力结构分析

劳动力结构分析包括劳动力的行业和产业结构分析、地区结构分析、性别结构分析和职业结构分析等。

### 1．劳动力行业和产业结构分析

劳动力的行业和产业结构由经济结构决定，但其也会反作用于经济并产生重大影响。国民经济行业和产业的划分是经济发展和社会分工的结果，同时也反映了经济和社会发展的程度。

### 2. 劳动力职业结构分析

职业分布是社会分工的重要标志。劳动力的职业结构反映经济与社会发展的水平。如经济发展水平高、生产的机械化自动化水平高，则从事专业技术的人员占的比重自然就高。

分析劳动力职业结构，一方面有助于研究一个国家（地区）的社会经济结构，将职业结构在地区间、单位间进行对比，可以研究其经济和社会发展水平的特点和差异；另一方面有利于研究一个国家（地区）社会经济发展水平。如某地区农、林、牧、渔劳动者所占比重较高，则说明这个地区经济结构的主要特点是第一产业较重，再如某地区同国家机关、党群机关负责人占比重较高，则说明该地区可能是国家机关比较集中的地区。

此外，还可对不同职业人员的受教育程度、地区分布特点等进行分析，为相关政策的制定提供参考依据。

### 3. 劳动力地区结构分析

劳动力的地区结构与地区的经济结构、经济与社会发展水平存在密切联系。地区划分的标准比较多，目前主要划分方法有：

第一，按行政区划划分地区。如目前我国共划分为 34 个省级行政区，其中包括 4 个直辖市（北京、天津、上海和重庆）、2 个特别行政区（香港和澳门）、5 个自治区、23 个省，省以下又分为市、县、乡等。

第二，按自然地理条件划分地区，例如，按地形划分为平原地区、丘陵地区、山区等；按气候划分为热带地区、亚热带地区、温带地区、寒带地区等。

第三，按经济发展水平程度划分地区，比较典型的是我国目前将全国划分为东、中、西三个地区。三个地区的地理性质、历史背景、自然条件和经济发展水平有较大的差异。从总体上讲，东部地区发展最快，中部次之，西部最差。总之，研究劳动力地区间的差异，有利于了解各地区经济和社会发展水平的差异，有利于解决很多重要的经济社会问题。

### 4. 劳动力性别结构分析

全部劳动力由男性和女性劳动力组成。女性与男性相比有特殊的生理特征，对劳动环境的要求也不同，有些工作（如野外、高空、水下等）不适合女性工作，女性还担负着物质再生产与人类再生产的两副重任，女性劳动力在怀孕期、产期、哺乳期都应有特殊的照顾，因此国家有关法律对女性的劳动保护都有具体规定。提高妇女地位是现代社会生活中的一个重要问题，而妇女的政治地位也是由其经济地位决定的，因此提高妇女的经济活动参与率和就业率也是提高妇女地位的基本途径。但是，让妇女从事力不能及的或有损健康的劳动也是法律所不允许的。

分析劳动力的性别构成，可以研究妇女地位的实现和提高程度，也可以研究产业结构的调整对不同性别劳动力需求的变化。反映就业人员性别构成的主要指标有：女性就业人员占全部就业人员的比重和就业人员性别比（计算公式是：

性别比＝（男性人数/女性人数）×100%）。

## （三）劳动力变动分析

### 1. 劳动力的增减变动分析

劳动力的增减按性质分为自然增减和机械增减，自然增减是指因自然规律或某些不确定因素使劳动力总量发生增减变化，如劳动力生老病死、劳动力遭遇意外事故而丧失劳动能力或死亡等；机械增减是指因人为原因出现的增减变化，如劳动力主动从工作中退出、聘用新劳动力等。在一个国家或一个地区内，引起劳动力增减变动因素主要是自然因素，如：到达劳动年龄的人口增加、退出劳动年龄的人口增加、在劳动年龄内丧失劳动能力或死亡和丧失劳动能力的人恢复劳动能力等。但对于一个单位来说，劳动力的变动主要是机械原因，如招聘录用新的人员、部分国企职工的在岗待业、工作调动等。表示劳动力增减变动的常用指标有三个：劳动力单纯新增率、劳动力单纯减少率和劳动力净增减率，公式如下：

劳动资源新增率＝一定时期劳动力新增人数/同期劳动力期末人数×100%

劳动资源减少率＝一定时期劳动力减少人数/同期劳动力期末人数×100%

### 2. 劳动力流动分析

（1）劳动力流动的内涵与一般规律

劳动力流动一般指在劳动力市场条件变化情况下劳动力在企业间、职业间、产业间以及地域间的移动。由于劳动力的流动通常使劳动力得到更有效的利用，从而增加收入，所以人们为劳动力流动所垫支的费用也被视为一种投资。从劳动力市场运行的角度来看，劳动力流动机制可以纠正地区间就业不平衡，减少由技术变化而引起的人力问题，减轻与经济结构变化相联系的失业问题，它还可以便利劳动力市场状况相对其他市场形势的调整。

劳动力流动具有一定的规律，劳动力总是从收入低、劳动条件差的地区（单位）流向收入高、劳动条件好的地区（单位）。当然，也有因为婚姻、文化等社会因素出现的流动，但这类流动的量是比较小的。分析劳动力流动主要从以下几个方面着手：一是分析劳动力的流动量及研究引起流动量变化的原因；二是分析劳动力流动的来源和流向及研究引起流向变化的原因。三是分析流出（或流入）的劳动力的结构和原有劳动力结构的影响。劳动力流动率的高低是研究劳动力流动水平的重要指标之一。其计算公式是：

$$劳动力流动率＝劳动力流失人数（期初劳动人数＋$$
$$本期增加劳动力人数）×100\%$$

总之，适当的劳动力流动可以保证整个经济的效率，即通过劳动力流动促使劳动者从衰落的或发展缓慢的职业、行业（或企业）或地区流向发展迅速的职业、行业（或企业）或地区，同时合理的劳动力流动也是人们实现个人就业选择自由的一个重要手段。

（2）中国农村劳动力流动问题

事实证明，"民工潮"的来临势不可挡，且有其必然性、合理性，它与国家的现代化进程有许多耦合点，同时也有一些错位点，亟待国家和政府完善有关法规政策和管理。

## 二、就业、失业统计

### （一）就业人员、失业人员与下岗职工

1. 就业人员

就业人员（也称为从业人员或在业人员）是指所有年龄在 16 岁及以上，在一定时期内从事一定社会劳动并取得劳动报酬或经营收入的人。须说明三个要点。

一是"一定时期"的含义，它指就业人员指标的参照期，这也说明就业人员数是个特殊的时点指标，是一个有参照期并受参照期长度影响的时点指标。事实上，失业人员数、经济活动人口和非经济活动人口等指标也属于此类特殊时点指标。

二是社会劳动的界定，从广义上理解为在国民经济核算范围内的所有经济性的，即以取得收入、获得报酬为目的的生产和服务劳动，而不包括非经济性社会活动，如义务和公益性劳动。

三是从事多少社会劳动才算就业，国际上较为通行的做法是"就业优先"原则，又称"一小时原则"，即规定在一周的参照期（调查周）内从事有收入的劳动在一小时以上即为就业。这里强调被调查者在一周内有无就业活动，而非就业量的多少。对于那些有工作单位或就业场所，但因生病、休假、培训学习、劳动争议和各种原因的企业短期停工等暂时性原因造成的在调查周内未工作的人，也应计为就业人员。

目前，我国就业人员指标的资料来源主要来自两个方面，一方面是人口普查（约十年一次）、人口变动抽样调查（一年一次）和城镇劳动力抽样调查（一季度一次）等直接调查；另一方面是统计报表制度。

与就业人员相关的范畴还有一个：就业不足人员，它指就业人员因非个人意愿在调查周内累计工作时间不足 20 小时，并正在寻找或者可以应聘更多工作的人员。判断就业不足人员的标准主要有三条：一是在调查周内累计工作时间不到 20 小时，即不到法定劳动时间的一半；二是工作时间短并非个人意愿；三是本人正在寻找或者可以应聘更多的工作。在我国，由于劳动力资源的大量过剩和传统的就业体制与政策导致大量的就业不足现象存在，许多部门和单位都存在就业不足人员。目前国内外也有学者认为只要"愿意从事更多的工作"，就业应视为不充分就业人员，我国目前尚未广泛深入地开展此项统计。

## 2. 失业人员

失业人员是指所有年龄在 16 岁及以上有劳动能力，在一定时期内没有工作、有就业意愿并正在积极寻找工作、如有就业机会可以马上工作的人员。须说明的要点如下：

一是"年龄在 16 岁及以上"，这里未规定年龄上限，有利于全面反映劳动力市场供给的实际状况。因为随着人口老龄化的发展，老年求职者人数越来越多，他们同样是劳动力市场的供给的一部分，在失业指标中应有所反映。在我国，失业人员有年龄上限，即法定退休年龄。

二是"正在积极寻找工作"，是指被调查者在一定时期内采取了多种积极具体的行动寻找工作，如去职业介绍所登记，去各种劳务或人才市场进行应聘洽谈，通过电视、报纸等新闻媒体寻找工作，自登应聘广告，托亲友找工作以及筹措资金准备从事经营活动等。

三是"如有就业机会可以马上工作"，是指被调查者没有其他羁绊和约束，如有就业机会可马上工作，所谓的"马上"，在我国的城镇劳动力调查中是指在调查时点以后两周内能上班工作。如果其在两周内不能上班，则对近期劳动力市场不会产生影响，因此不应作为失业人员统计。

3．下岗职工

第一，"由于用人单位的生产和经营状况等原因"。这一条具有以下含义：①下岗原因不是由于职工本人。因此，对于出于个人原因的停薪留职人员等不统计为下岗职工；②下岗原因是出于经济原因，而不是非经济原因。因此，对于季节性原因的停工未在岗的人员不统计为下岗职工。

第二，"已经离开本人的生产和工作岗位，并已不在本单位从事其他工作"。这一条件强调下岗职工应是已经不在本单位从事任何经济活动。因此，在企业或单位内被分流或参加转岗培训和其他学习的人员不统计为下岗职工。

第三，"仍与单位保留劳动关系"。这将不再与单位保留劳动关系的人员从下岗职工中剔除。因此，下岗职工应包括放长假、下岗待工、转到劳动就业服务机构的人员，不包括停薪留职、季节性停工、在企业内参加培训、被分流的人员以及破产企业的职工。

（二）就业率与失业率

就业、失业统计的首要任务就是对总人口中适龄劳动人口的统计范围做出界定。世界各国通常规定一定的年龄界限。世界许多国家将劳动年龄限定在 14～65 岁之间，而我国规定为男性在 16～60 岁之间，女性在 16～55 岁之间。

1．就业率

国际劳工组织就业与人口比指标实际就是通常意义上的就业率指标，它反映一个国家容纳的就业人数比例，是就业的劳动适龄人口数与人口数的比值。我国使用的是城镇就业率指标，它指城镇户口情况下，有工作的人占全部劳动年龄人口的比例。其中，劳动年龄人口是指 16 周岁以上，有劳动能力并在法定劳动年龄以内的有城镇户口的人员。有关就业率的调查是在一定时间段内的统计（我国一般为一周）。

2．失业率

目前，我国常用的与失业相关的指标有三个。

第一个是城镇登记失业人员指标，它指有非农业户口，在劳动年龄（16周岁至退休年龄）内，有劳动能力，无业而要求就业，并在当地就业服务机构进行求职登记的人员。不包括：①正在就读的学生和等待就学的人员；②已经达到国家规定的退休年龄或虽未达到国家规定的退休年龄但已经办理了退休（含离休）、退职手续的人员；③其他不符合失业定义的人员。

第二个是城镇失业率指标，它指城镇失业人数同城镇就业人数、城镇失业人数之和的比。计算公式为：城镇失业率＝城镇失业人数／（城镇就业人数＋城镇失业人数）×100％。

第三个是城镇登记失业率指标，它指城镇登记失业人员与城镇单位就业人员（扣除使用的农村劳动力、聘用的离退休人员、港澳台及外方人员）、城镇单位中的不在岗职工、城镇私营业主、个体户主、城镇私营企业和个体就业人员、城镇登记失业人员之和的比。计算公式为：

城镇登记失业率＝城镇登记失业人数／〔（城镇单位就业人员－
使用的农村劳动力－聘用的离退休人员－
聘用的港澳台及外方人员）＋
不在岗职工＋城镇私营业主＋城镇个体户主＋
城镇私营企业及个体就业人员＋
城镇登记失业人数〕×100％。

失业率在市场经济条件下是一个敏感的先导性指标，不仅直接反映社会劳动力的失业水平和供求状况，而且间接反映市场经济发展的景气状况。所以，失业率历来是政府、企业和劳动者共同关心的重要指标。

（三）阶段性就业和弹性就业

在社会主义市场经济条件下，中国的经济类型出现了多元化，就业形式也出现了多样化。近年来，相继出现一些新的就业统计范畴。

1．阶段性就业

阶段性就业是指在劳动者的职业生涯中，自愿退出社会劳动一阶段后，再参加社会劳动的一种就业形式，它是与终生就业相对应的。我国目前存在的在职人员脱产上学，实际上就是阶段性就业的一种形式。近年来，一些专家学者提出，妇女在生育期和幼儿成长期，可以在家承担哺育子女的职责而暂时退出社会劳动，待子女上幼儿园或上学后再去社会上就业，这也是阶段性就业的重要形式之一。

阶段性就业可提高自主择业的程度和质量，可腾出一部分的就业岗位，增加就业机会。但是，劳动者退出就业岗位期间的生活保障问题如何解决，还是一个有待研究的问题。我国现在可以统计为阶段性就业人员的主要是在职上学人员。

2．弹性就业

弹性就业是指不限时间、不限收入、不限场所的灵活多样的就业形式。它是相对于全日制就业形式而言的。弹性就业包括非全日制就业、临时就业（如短期就业、季节就业、承包就业、传呼就业、独立就业）、派遣就业（雇用型派遣就业和登记型派遣就业）、钟点工等，目前在我国城镇已广泛存在着弹性就业现象。

弹性就业比起全日制就业来，虽然就业形式不够"正规"，就业者收入也不尽稳定，还给税收和管理提出了新的问题，但这种就业形式可以拓宽就业渠道，增加就业总量；可以满足社会需求多样化的要求，可以开发、利用服务业中蕴藏的潜力，便民利民，以服务供给拉动社会需求。因此，弹性就业不仅有利于劳动力资源的合理配置，也有利于降低人工成本。由于弹性就业的门槛较低，特别有利于年龄偏大，技能较差的下岗职工再就业。可以认为，弹性就业是我国未来重要的就业增长点，应当大力提供、支持和推广。

我国目前尚未正式进行弹性就业的统计工作，但可考虑在城镇劳动力抽样调查中增加若干项，以便判断我国弹性就业的人数及对个人收入、生活水平的影响。

# 第四节　社会保障统计分析

## 一、社会保险统计

### （一）社会保险的性质

社会保险是社会保障的核心，是社会保障的基本层次，它是国家通过立法建立起来的旨在保障劳动者因年老、疾病、伤残、生育和失业等暂时或永久失去劳动能力而减少或失去工资收入情况下，仍能享有的与在业期间相差不大的基本生活权利的一项社会保障制度。一个国家的社会保障体系是否健全，首先就要看其社会保险的发展状况和发达程度。社会保险与其他社会保障的根本区别在于筹集机制的不同，即社会保险基金一般由国家、企业和个人三方共同筹集，而其他社会保障资金的来源主要是国家财政拨款。

需要说明的是，社会保险与商业保险并非一回事。商业保险是作为专门经营风险的业务而存在的，它只对被保险人在保险期限内发生的责任范围内的保险事故（包括自然灾害和意外事故等）承担赔偿责任。与社会保险相比，商业保险的显著特点在于其自愿性和营利性。作为社会保险的必要补充，商业保险可以延伸至社会保险覆盖不到的领域。

社会保险通常包括养老保险、失业保险、医疗保险、工伤保险和生育保险五部分内容。

社会养老保险是指由国家依法强制实施的、面向全体劳动者的一项社会保险制度。根据这项制度，劳动者在达到一定条件，如年龄、身体状况、工龄或参保期限后，即可从社会保障机构领取养老金，从而使自己年老时的基本生活得到保障。社会养老保险在社会保险体系中占有重要地位，在社会主义市场经济发展中发挥着社会"稳定器"的作用。

失业社会保险是指依法参加社会保险的劳动者，在其因非个人原因而失去收入来源时，由国家或社会保险机构向其提供必要的物质援助或现金补助，以保障失业者及其家属基本生活的一项社会保险制度。尽管说从业既存在失业的可能，就可参加失业社会保险，然而，在现实中，失业者享受失业社会保险还是有一定条件限制的。这些条件包括：第一，失业者必须符合劳动年龄条件，即必须在法定的劳动年龄段之内，它不为低于或超出法定劳动年龄段的人提供保险；第二，失业者必须是非自愿失业，即失业并非因本人愿意，而是出于个人无法控制的社会因素。对此，各国均有一致的规定，主要是为了防止人们故意失业而领取失业保险金；第三，失业者必须达到一定的失业期限，失业前曾有一段工作时间，并曾缴纳过一定时间的失业保险费。多数国家规定，享受失业保险金的合格期限为失业前一年内已缴费 6 个月。对毕业后未能立即找到工作的青年学生，不少发达国家规定，也有资格领取失业津贴。

医疗保险一般是指基本医疗保险，是为补偿劳动者因疾病风险造成的经济损失而建立的社会保险制度。医疗保险基金由用人单位和个人共同出资设立，被保险人患病时发生的医疗费用，由医疗保险机构给予一定的经济补偿。基本医疗保险制度的建立和实施集聚了单位和社会成员的经济力量，再加上政府的资助，可以使患病的社会成员从社会获得必要的物资帮助，减轻医疗费用负担，防止患病的社会成员"因病致贫"。

工伤保险是世界上实行最早且目前实施范围最广的保险制度，它是工业化的直接产物。所谓工伤社会保险，是由国家和社会统一立法强制实施的，对劳动者因生产过程中遭受的意外伤害或因特殊工种而发生的职业性疾病进行治疗并提供其基本生活保障及家庭经济补偿的社会保险制度。从各国工伤保险制度建立的实践来看，工伤保险具有如下共同特点：①实施保险的强制性；②保险内容的丰富性；③工伤保险实行雇主完全责任制和无过失补偿原则；④工伤赔付与工伤预防相结合；⑤保障水平的差异性和多层次性。生育社会保险是指妇女劳动者因怀孕、生育子女而暂时丧失劳动能力时，从国家和社会得到医疗服务和现金补助的制度。生育社会保险与有保险对象少和保险双重性等特点。

生有保险是国家通过立法，在怀孕和分娩的妇女劳动者暂时中断劳动时，由国家和社会提供医疗服务、生育津贴和产假的一种社会保险制度，国家或社会对生育的职工给予必要的经济补偿和医疗保健的社会保险制度。生育保险是指针对生有行为的特点，通过国家立法规定，在职工女性因生育子女而导致劳动力暂时中断、失去正常收人来源时，由国家或社会提供物质帮助的一项社会政策。生育保险基本由三部分组成：一是产假。指职工女性在分娩前，后所享受的有薪假期。二是生育津贴。指职工妇女因生育后离开工作岗位，不再从事有报酬工作以致收入中断，及时给予定期的现金补助，以维护和保障妇女及婴儿的正常生活。三是医疗服务。指由医院、开业医生或助产士为职工妇女提供的妊娠，分娩和产后的医疗照顾，以及必须的住院治疗。

## （二）社会保险总量统计

社会保险总量统计是社会保险统计的基本内容之一。它通过计量社会保险机构数量、社会保险机构从业人员的数量、社会中享受社会保险的人数以及社会保险费用总额、基金总额等总量指标反映社会保险事业的规模、发展状况和发展水平，总结社会保险工作的成果，反映社会保险基金的筹集、运营和支付情况的变化，为今后国家制定社会保险政策、措施，编制社会保险发展计划提供决策依据。

## 1. 社会保险机构及从业人员统计

社会保险机构数及其从业人员数统计是反映社会保险事业发展规模和发展情况的重要指标，同时也是我们对一国或地区一定时期社会保险水平进行深入分析和研究的基本资料。社会保险机构主要有两种：

第一，从事社会保险业务的基金管理和服务管理机构。实际上，基金管理和服务管理属于两种不同性质的业务。前者不直接面对受益人，在经办业务的流程中，主要发生在"上游"和"中游"：通过收缴形成基金，通过运营进行保值增值。基金拨款后，基金管理开始由服务管理来衔接。后者直接面对受益人，包括登记、资格审定、档案管理、信息处理、待遇支付、咨询服务等业务。失业保险项目还包括促进再就业等一系列服务。服务管理的实质是为参保者提过一种社会化的服务。目前，我国社会保险业务的经办，服务管理和基金管理呈二者合一的局面，二者的相互监督职能基本不存在，因此，基金运营及其保值增值、随意挪用挤占社会保险基金现象屡见不鲜。

第二，社会保险服务机构。作为社会保险的必要补充，社会保险服务在社会保障体系中始终发挥着不可替代的作用。社会保险服务的范围很广，如向老年人和丧失劳动能力者提供的各项社会服务（像生活性服务、精神性服务、交通性服务和教育性服务等），向失业者提供的各项服务（像就业培训、能力测评、就业指导和就业咨询等）以及向病人和残疾人提供的各项服务（如家庭护理服务等）等。社会保险服务机构为社会提供的服务数量、质量和结构，反映了社会保险的发达程度和社会保障事业的发展水平。对从事这些业务的社会机构进行统计和分析，具有越来越重要的意义。

社会保险机构从业人员统计是对在上述社会保险机构从业的人员数量和质量等进行统计，为展示社会保险机构的人员构成，为有关部门今后对人员结构的调整和有效配置，提供参考依据。

另外，由于我国目前正处于社会主义市场经济发育发展初期，几十年来计划经济所遗留下的离退休人员的管理和服务问题一时仍难彻底解决，因此，在社会保险机构及其人员进行统计时，也应对离退休人员管理和服务机构及其人员进行统计。对于离退休人员，目前我国实行的仍基本是"企业保险"，离退休人员仍由离退休前的原工作单位负责管理和服务，基本未形成专门的管理和服务系统，对离退休人员的管理和服务机构大多附设在各企业、事业和国家机关、社会团体单位内部，管理和服务人员也基本由相应各单位配置。但随着我国社会主义市场经济进一步发展和社会保险制度的逐步完善，随着养老、医疗等的逐步社会化，离退休人员的管理和服务职能将逐渐由社会来承担，由此，专门的离退休人员管理机构和服务机构，必将逐步建立和健全起来。

2.　享受社会保险人数统计

享受社会保险人员数是指当劳动者发生疾病、工伤、残疾、年老、死亡、失业和生育等事件时，按照国家有关规定，可从社会保险部门得到必要物质待遇和精神补偿的人员总数。这类人员包括以下几个方面。

（1）离退休人数

离退休人数是指在国有单位、乡镇集体单位和其他单位（包括联营经济、股份制经济、外商投资经济、港澳台投资经济等）工作的职工，因年老体弱，经有关部门批准而办理了离退休手续的人员数。

离退休人数可反映一国或地区某一时点上离退休人数的存量或某一时期离退休人数的发生量。随着我国社会保险工作的逐步展开和深化，离退休现象将逐渐被社会养老保险所取代，这是社会主义市场经济发展的必然结果。

（2）社会保险投保人数

社会保险投保人数是指已经参加社会保险，并按社会保险机构要求按时缴纳保险费用的人数。从"谁投保，谁受益"的原则分析，社会保险投保人数实际上也就是有权享受相应保险种类人数。当然，需要说明的是，多数情况下社会保险投保人数往往不等于一定时期享受社会保险的人数。出现这种情况的原因是多方面的，或者由于社会保险的某些险种保险范围划得过宽或过窄，或者由于部分已申请参保者不能及时足额向社会保险机构缴纳保险费，导致社会保险实际参保人数与名义投保人数不符，进而还会影响其在遭受不测事件（如疾病、工伤、残疾、死亡和失业等）时获得必要的物质和精神补偿的有效性。当然，在一个市场机制比较健全、社会保险制度比较完善和规范的社会中，一定时期参加社会保险的人数与该时期有权享受社会保险的人数应大致相等。

### 3. 社会保险费用总额统计

社会保险费用总额是指一定时期国家和社会用于参加社会保险者在年老、疾病、工伤、残疾、死亡、失业和生育等事件的总费用支出额。该指标反映了国家和社会对社会劳动者及其他参保人员所承担的保险义务的数量。根据我国现行社会保险制度，社会保险费用总额具体包括用于参加社会养老保险、医疗社会保险、失业社会保险、工伤社会保险和生育社会保险的全部费用总和。

（1）离退休人员费用总额

离退休费用总额是指对离退休人员所支付的各项费用的总和，主要包括离休金、退休金、退职人员定期生活补贴、向离退休人员（含领取定期生活补贴的退职人员在内，下同）支付的医疗卫生费、丧葬抚恤费、异地安置费、因工致残后退休人员的护理费、生活困难补助费、粮、燃料、肉类和副食等的价格补贴费以及离退休人员的交通费补贴、书报费等费用，但不包括为离退休人员建立疗养院、休养所、老年活动站等的事业经费和疗养费在内。

离退休费用总额是一个总量指标，它属于消费基金的一部分，反映了国家或地区支付给离退休人员各项费用的总和。将离退休费用总额与其他消费基金进行对比研究，可观察分析离退休费用在消费基金中所占比重及其变化，为国家全面规划各项费用提供依据。

（2）社会养老保险费用额

社会养老保险费用额是指一定时期国家和社会所承担的用于支付离退休人员和丧失劳动能力的其他劳动者的费用总额，如离休金、退休金及因通货膨胀所带来的生活补贴费用等。该指标虽与离退休人员费用总额存在一定的重复，但在市场经济体制下二者却不能相互替代，因为离退休人员费用总额这一指标纯属我国计划经济发展所遗留下来的问题，其中基本包括了养老险、医疗保险、工伤保险等方面的统计内容。区别离退休人员费用总额与社会养老保险费用额的办法是将"老人"（指国务院《关于建立统一的企业职工基本养老保险制度的决定》实施前已离退休人员）、"中人"（指国务院《关于建立统一的企业职工基本养老保险制度的决定》实施前参加工作、《决定》实施后离退休的人员）和"新人"（指国务院《关于建立统一的企业职工基本养老保险制度的决定》实施后参加工作的人员）的相应指标分开来统计。

（3）医疗社会保险费用额

医疗社会保险费用额是指一定时期国家和社会向参加医疗社会保险、有资格享受医疗社会保险的人员所支付的预防和治疗疾病的全部或部分费用额。为避免重复，在对医疗社会保险费用额进行统计时，可将一定时期国家支付给仍在享受国家公费医疗的离退休人员和已经参加医疗保险且不再享受公费医疗的人员的医疗费用分开来统计。

（4）失业社会保险费用额

失业社会保险费用额是指一定时期国家和社会直接或间接向失业人员所支付的各种费用总额，包括支付给失业人员的基本生活费、就业培训费及其培训设施建设和折旧费等。

（5）工伤社会保险费用额

工伤社会保险费用额是指一定时期国家和社会支付给已参加工伤社会保险且有资格领取工伤社会保险金的人员的费用总额。包括治疗期间的工伤医疗费用（挂号费、住院费、医疗费、药费和就医路费等，需外地治疗的还包括交通费和伙食补贴等）、医疗津贴或暂时丧失工作能力补助、部分护理费、伤残抚恤金、伤残补助金、死亡丧葬费和遗属抚恤金，等等。

（6）生育社会保险费用额

生育社会保险费用额是指一定时期国家和社会用于怀孕、分娩和育婴妇女的费用总额，包括生育医疗费（包括检查费、接生费、手术费、住院费、药费等）和生育津贴等。

随着社会保险制度改革的进一步深化和社会保险面的逐步铺开，社会保险范围也将从城镇到农村，从城镇职工到其他劳动者，由此，社会保险费用额统计的范围也将不断扩展。

4. 社会保险基金统计

社会保险基金是社会保障基金的主要组成部分。社会保险基金一般由养老保险基金、医疗保险基金、失业保险基金、工伤保险基金和生育保险基金等几部分构成。

我国传统的社会保险基金的筹集所采取的是现收现付制方式，由于现收现付制缺乏长远规划，事先也无必要的储备积累，因此，随着社会主义市场经济体制的确立和国有经济的发展，其弊端愈益显现出来。如现收现付制的养老社会保险，基本形成了"在职职工掏钱养活离退休职工，下代人养活上代人"的代际付费局面，而随着我国人口老龄化的逐步加剧，国家、企业和个人的负担也变得越来越重，甚至出现了费用征缴与支付危机。为改变现收现付制在市场经济发展过程中所表现出来的种种弊端，目前我国社会保险基金的筹集逐渐实行了国家、企业和个人分担与社会赞助、募捐等相结合的制度，在筹集方式上则采取的是由现收现付制逐渐向部分积累制过渡的形式。而为了体现"共济互助"和"效率优先"原则，目前我国社会保险基金所采用的是"社会统筹与个人账户相结合"的管理方式；为了保证社会保险基金的保值增值，我国社会保险基金的投资渠道已经拓宽到储蓄存款、不动产投资和有价证券（债券、股票等）等诸多领域，一种适应社会主义市场经济发展的社会保险基金运营和管理体制正在逐步形成。

### （三）社会保险内部构成统计

在社会保险总量统计基础上，还需要深入分析研究社会保险的内部构成问题，以便为国家或地区制定社会保险计划和政策提供科学的理论依据。

根据社会保险的内容，对社会保险内部构成统计可从如下几个方面进行。

1. 社会养老保险统计

社会养老保险是国家和社会向老年人提供基本生活资料，确保劳动者晚年老有所养的一项社会保障制度。根据社会养老保险基金的筹集、运营、管理和发放等不同方面，反映社会养老保险统计和分析的指标除前面已谈及的。

2. 医疗社会保险统计

医疗社会保险统计除前面谈及的医疗社会保险机构及其人员数、医疗社会保险费用额等指标外，还应根据实际需要对下列指标进行统计和分析。

3. 社会失业保险统计

社会失业保险既与就业制度密切相关，同时也是社会保障制度的重要组成部分。按照劳动部和国家统计局的规定，失业人员包括：①16岁以上各类学校毕业或肄业学生中初次寻找工作但尚未找到工作者；②企业宣布破产后尚未找到工作的人员；③被企业终止、解除劳动合同或辞退后，尚未找到工作的人员；④辞去原单位工作后尚未找到工作的人员；⑤符合失业人员定义的其他人员。国际劳工组织给失业下的定义是：凡在特定年龄以上，在规定时间里同时符合下列几种情况的，称为失业。这几种情况是：①无工作，即未从事有报酬的就业或自营职业；②本人当前具有劳动能力，可提供工作；③正在寻找工作，即正在采取各种方式寻找工作。

4．工伤社会保险统计

我国企业职工的工伤社会保险制度是随《中华人民共和国劳动保险条例》的颁布实施而逐步建立和发展起来的。工伤社会保险统计、分析，除前面已列示的指标，如享受工伤社会保险人员数、工伤社会保险费用额外，有时还要统计和分析下列几项指标。

（1）工伤社会保险基金总额

工伤社会保险基金总额是指通过社会统筹方式由企事业单位缴纳的、因暂时未支付而逐渐累积起来的用于支付参保单位职工各种工伤保险费用的基金总额。工伤社会保险基金按"以支定收、留有储备"的原则筹集。工伤保险费率根据各行业工伤风险类别和伤亡事故及职业病发生频率分别确定，由企事业单位按职工工资总额的一定比例缴纳，职工个人不缴纳工伤保险费。工伤保险费缴纳比例确定后，根据各企事业单位工伤事故及职工实际发生情况进行调整。工伤社会保险基金是各行业尤其是特殊行业职工安心于本职业、严格按行业规程工作的重要保证，同时也是政府和社会关心职工人身安全的现实体现。

工伤社会保险基金的支付项目主要包括：工伤职工治疗工伤或职业病的医药费，包括挂号费、住院费、医疗费、药费、就医路费和经批准转达外地治疗工伤职工的食宿费等；工伤医疗期的工伤津贴；伤残护理费，经评残病确认需护理后按月按护理等级（分为全部护理依赖、大部分护理依赖和护理依赖三个等级）发给护理费；伤残补助金和抚恤金，按致残不同等级确定不同的待遇标准。

（2）工伤保险费率

工伤保险费率是指一定时期（如一年、一季或一月）某企事业单位按国家有关规定向社会保险机构缴纳的用于本企事业单位职工工伤保险的费用占本企事业单位职工工资总额的比率。目前，不少国家的工伤保险费率实行差别费率。所谓差别费率，是指根据行业风险、工伤事故频率的不同情况而确定的不同工伤保险费征收标准。由于各行业的劳动存在着不同的危险程度，故各行业的工伤事故频率和工伤事故造成的伤害程度也不相同。如我国，职业病发病率第一位的是煤炭行业，第二位为冶金行业，其他如商业行业职业病的发病率则微乎其微，工伤事故也是如此。因此，大多数国家的工伤保险费率是采取按不同行业分别确定不同的费率，以体现企业竞争的公平合理性，进而保障劳动者的物质利益不受或少受损害。

由于工伤保险与安全生产密切相关，为使企业搞好安全生产，在实行差别费率基础上，工伤保险还实行浮动费率制。所谓浮动费率是指国家劳动行政部门通过对企业上年度安全卫生状况和工伤保险费用支出情况的评估，考核其功过，奖优罚劣，对好的单位，在企业标准费率基础上降低其下年度工伤保险费率，对差的单位，则在行业标准费率基础上提高其下年度工伤保险费率。

（3）劳动者工伤社会保险率

劳动者工伤社会保险率是指一定时期享受工伤社会保险的劳动者人数占该时期社会劳动者总人数的比重。

我国有关劳动保护和工伤保险的法律法规规定，每一企事业单位都必须无条件地为本企事业单位职工（包括固定工、合同工、临时工等）进行工伤保险投保，因此，享受工伤社会保险劳动者人数的统计范围不仅包括国有单位、城镇集体单位和其他单位（包括股份合作单位、联营单位、有限责任公司、股份有限公司、私营企业、港澳台商投资单位、外商投资单位），而且还包括乡镇企业和个体工商户雇用的固定工、合同工和临时工等。

5．生育社会保险统计

生育社会保险统计是社会保险统计的重要内容之一。就生育社会保险统计、分析而言，除前面我们已提及的指标，如享受生育社会保险的人员数、生育社会保险费用额等以外，有时还要对下列指标进行统计与分析。

# 二、社会福利、社会救助与社会优抚统计

## （一）社会福利统计

### 1．社会福利及其作用

社会福利是在国家有关政策和法规基础上，社会（包括企事业单位）向全体社会成员提供的除工资、社会保险和社会救助以外的社会服务，包括提

供的各种福利性补贴、建设的各种福利性设施、举办的各种福利性活动和提供的各项社会服务等。社会福利在内容上包括社会津贴、职业福利、社会福利设施和社会服务（包括社区服务）等。从社会福利本身所具有的特点来看（与社会保险和社会救助比较），它具有福利共享性、享受福利机会的均等性、非营利性、补充提高性和高层次性等特点。

随着我国社会主义市场经济体制的建立和发展，市场机制在分配中所起的作用越来越明显和突出，由此，社会成员的收入差距不可避免地要拉大。在这种情况下，社会福利可以发挥并弥补市场机制和按劳分配的不足，缓解社会成员实际生活水平差别的作用。而且，作为社会保障的重要内容之一，社会福利对提高全体社会成员的物质和文化生活水平，改善人们的生活质量，促进全社会的文明进步和共同发展，具有"推进器"的作用。

2. 社会福利统计

社会福利统计是社会保障统计的重要内容之一，同时也是社会统计的重要方面。通过对社会福利的统计和分析，可以使人们了解一定时期一国或地区社会福利的发展情况，了解政府和社会对改善和提高全社会成员生活质量所做的努力及其程度，了解一国或地区当前社会福利发展水平与其他国家或地区的差距以及社会福利制度所存在的问题，对政府和社会今后社会福利制度改革及政策调整、计划制定，具有重要的指导价值。

（二）社会救助统计

1. 社会救助及其内容

社会救助也称社会救济，是指国家和社会对无劳动能力和无生活来源者以及因自然灾害或其他经济社会等原因导致生活困难者，给予临时或长期物质帮助的一种社会保障制度。社会救助是人类历史上最初级的社会保障制度，同时也是全体社会成员享有的基本权利，是国家应履行的保障公民在非常时期生活权利的法律责任，也是国家稳定社会和经济秩序的重要机制。社会救助的对象主要是那些陷于生活困境的社会成员，这些社会成员具体包括如下几类：①社会孤老。主要指那些无子女和配偶、无任何固定收入的超过一定法定年龄的社会老人。②孤儿。指失去父母、尚无劳动能力、需要社会来监护的儿童。③无赡养人且失去劳动能力的残疾人。④灾民。指因各种自然灾害（指水灾、旱灾、风灾、雹灾、雪灾、雷灾、冻灾、虫灾、地震、瘟疫等来自自然界的不可抗力）造成的生产、生活暂时困难者。⑤城乡贫困者。指无固定经济收入或虽有经济收入但因收入较低不足维持最低生活水平，或其收入低于政府颁布的最低生活保障线的人员，如贫困地区的绝对贫困者；领取失业救济金超过期限而又未能就业的失业者；离退休人员及其家庭主要劳动者病残或因公死亡而生活困难的家庭或遗属；无固定职业、无固定收入的生活困难者；其他低收入且生活困难特定人员。

社会救助在内容上主要有救济、救灾和扶贫等。救济包括城市救济和农村救济。目前我国城市救济各类对象的救济标准是由各地根据本地区具体情况确定的，并随物价变动而调整。农村救济的对象主要是那些因缺少劳动力、资金、技术或因长期生病、人口多、天灾人祸而不能维持基本生活的农户。救灾是指国家和社会为减轻灾祸损失和制止灾荒发生而进行的救助活动，主要是为了帮助那些遭受各种自然灾害的灾民进行生活自救和生产自救，帮助他们解决生活和生产上的困难，重建家园，稳定生活。一般来说，救灾具有暂时性和短期性体征。我国长期一贯的救灾方针是："依靠集体，生产自救，互济互助，辅之以国家必要的救济和扶持"。扶贫是为了扶持贫困户解脱贫困，它是我国社会救助工作的延伸和发展。我国的扶贫对象主要有：因主要家庭劳动力死亡、病残、呆痴和遭受意外事故以及因劳力少、人口多造成生活困难不能维持基本生活的农户和城市贫困户。

2．社会救助统计

社会救助统计的内容主要包括：社会救助人数统计、社会救助费用统计以及社会救助效果统计等。

（三）社会优抚统计

1．社会优抚及其意义

社会优抚是社会优待和社会抚恤的合称。它是国家和社会依照法律，对法律规定范围内的现役军人、退役军人以及为保卫国家安全和保护人民利益而做出牺牲的人员及其家属提供优待、抚恤和安置，以保证其基本生活水平的一种特殊的社会保障制度。社会优抚的对象是为革命事业和保卫国家安全做出贡献和牺牲的特殊社会群体，是国家和社会的功臣。我国《宪法》《兵役法》和《军人优待抚恤条件》规定的我国社会优抚对象包括：现役军人；革命伤残人员；复员退伍军人（包括退伍红军老战士）；革命烈士家属；因公牺牲的军人家属；病故军人的家属；现役军人家属等。

社会优抚在内容上包括社会优待、社会抚恤、离退休保障和安置保障等。社会优待是按法律规定和社会习俗，从政治上和经济上对现役军人及其亲属予以关怀照顾和物质、资金援助的制度。除了物质优待外，社会优待对象还在治病、升学、就业和子女入托入学、工作调动、住房等诸多方面享受优先照顾。社会抚恤是国家对因公伤残人员、因公牺牲以及病故人员家属的伤残抚恤和死亡抚恤。社会抚恤经费由中央财政和地方财政共同承担，抚恤标准由中央制定全国性的基本标准，各地可在全国基本标准基础上适当提高。离退休保障是指对那些直接从军职岗位退职养老的军人所提供的老年生活保障。离退休保障项目包括离退休金、医疗费、护理费、安家补助费等现金支付和相应的物质帮助。安置保障是指对转业干部、退伍士兵的就业安置。

社会优抚的重大意义在于：首先，社会优抚可以起到扶持正义、弘扬正气的作用，从而使人们以社会的英雄和时代楷模为榜样，积极工作，努力奉献，无私无畏，奋勇向上。其次，社会优抚起到了促进社会安定和国家安全的作用，有利于人们国防观念的增强、革命觉悟的提高，形成一种为国家为人民利益奋不顾身的社会风气。最后，社会优抚还可以进一步密切军政和军民关系，有利于社会进步和经济发展。

2．社会优抚统计

社会优抚统计是社会优抚分析研究的基础。通常，社会优抚统计的指标体系由以下几个指标构成。

（1）社会优抚对象人数和社会优抚人口覆盖率

社会优抚对象人数是指符合国家政策和法规规定的社会优抚条件、有资格享受社会优待、社会抚恤、离退休保障和安置保障的人员及其家属的人数。该指标是反映一国或地区一定时期内社会优抚覆盖面的指标，社会优抚人口覆盖率是一定时期社会优抚对象人数与同期社会总人口之比。

（2）优抚事业机构数

优抚事业机构数是指为社会优抚对象治疗、康复、疗养、休养、养老及军人入伍、退伍等所举办的各种优抚事业单位的总和。这类机构具体包括：①革命伤残军人休养所（院）指国家民政部门为无家属照顾或家属照顾有困难、生活不能自理的重残革命军人而设置的服务机构。②荣复军人疗养院指由政府为在乡（即不在职）的革命伤残军人和患有慢性病需要治疗或疗养的复员退伍军人所举办的治疗和疗养机构。③光荣院指国家民政部门和社会集团为供养孤老优抚对象而举办的服务机构。④军供站指由政府举办的新兵入伍、复员退伍军人返乡提供住宿等相关服务的机构，优抚事业机构数是反映国家或地区一定时期内社会优抚事业规模的指标。

（3）社会优抚事业费总额

社会优抚事业费总额是指由国家民政部门开支的用于全部优抚对象的优待费、抚恤金、养老金、安置费及相关补助费用的总额。具体包括：牺牲病故人员亲属的抚恤金、烈军属和复员退伍军人的补助费、伤残抚恤费、从军职上离退休军人的养老金、退伍军人安置费、优抚事业单位经费和其他社会优抚事业费等。

（4）实际享受社会优抚人数和优抚率

实际享受社会优抚人数是指一定时期内实际得到国家和社会集体优抚待遇的人员总数，优抚率是指一定时期内实际享受优抚待遇的人数占同期社会优抚对象总人数的比重。

# 第五节　社会发展水平综合评价分析

社会发展是社会系统的协调运行过程，是以人为核心，以满足人的需要为目的，以实现人的全面发展为目标的综合进步过程。社会发展水平的量化测度和评估是社会统计学的重要内容。

## 一、社会指标与社会指标体系

### （一）社会指标

社会指标是一种"量的数据"，它是一套统计数据系统，提供通常不能予以定量测度或经济学领域所不能反映的那些社会领域状态的信息，用于描述社会的重要方面，判断社会目标的实现程度，作为评价社会发展是"越来越好还是越来越坏"的尺度。此后，不同的学者对社会指标的含义作了不同的阐释，形成了有关社会指标的众多定义。

尽管人们对社会指标没有形成普遍接受的定义，但各种定义具有一些共同点和性质：

第一，社会指标的测度对象是社会现象。社会指标是在宏观层次上，以整个社会全方位的角度，从社会现象间的相互联系入手，对整个社会现象进行的计量和评价。

第二，社会指标是以定量形式表现的社会统计资料，是一种具有价值取向的数据，对社会发展具有一定的评价意义。换言之，并非任何一项社会统计指标都可以作为社会指标。社会指标具有价值取向，并按照某种理论框架进行设计。一项社会统计资料能否成为一个社会指标，取决于它在应用中能否对现象作出比较、评价和解释。例如，对于健康问题，假设有关医生数、病床数、医疗保健支出都有所增加，但是并不能得出人们的健康状况得到了改善这样的结论，因为这些指标并不能对"健康"作出直接的解释和评价，因而这些指标并不是有效的社会指标。

第三，社会指标有投入指标与产出指标之分，但更重视产出指标。投入性质的社会指标描述的是为实现各种社会目标所投入的资源量及其变化，例如教育投资、医疗卫生投资等；产出性质的社会指标描述的是社会过程的发展结果，其产出的数量和质量直接关系到人们的福利或生活质量的提高程度，例如，平均预期寿命、成人识字率等。从社会发展的角度看，人们所关心的往往并不是社会活动过程中的投入，而是人们从这些投入要素中所获得的福利或生活质量，因此，社会指标主要测度的是社会目标的实现程度，即产出方面的指标，而非投入方面的指标。

第四，社会指标可以是客观指标，也可以是主观指标。客观指标是对已发生的客观事实进行描述和反映，回答"是什么"等问题，如人口出生率、人均住宅面积、污水处理率等；主观指标指人们对客观社会现象的主观感受，常表现为人们的心理状态、愿望、满意程度等，例如幸福感、安全感等。

第五，社会指标具有反映社会状况、评价社会政策、监测社会目标、比较社会计划、预测社会发展等功能。它是进行社会学理论研究和经验研究的重要工具，也是政府部门制定社会政策和社会发展规划的重要依据。

综上，社会指标是社会现象的定量尺度，是用以描述与评价社会状况、社会发展进程及社会变迁趋势的统计数据系统。

## （二）社会指标体系

### 1. 社会指标体系的主要类别

社会指标体系主要有以下三类。

（1）规划性社会指标体系

规划性社会指标体系一般是政府利用公共机构的相应分类建立起来的。例如，与政府的能源、交通、卫生、教育、文化、人口、司法等机关相对应而建立的指标体系就属于规划性社会指标体系。规划性社会指标体系的建立方法简便，成本较低，能为政府提供信息并为政府决策提供服务，应用性很强。

（2）依据社会发展目标建立的社会指标体系

这种指标体系的建立方式是，从一个总的或一系列社会目标出发，逐级发展子目标，最终确定各项社会指标，由此形成社会指标体系。这种指标体系的主要优点是，指标数少，目的明确，具有内在的逻辑一致性。采用这种方式建立社会指标体系时，应注意以下几点：第一，每一项子指标都要与总目标或上一级目标的规定保持一致；第二，各级子目标不宜设计过多；第三，同一级子目标的地位和作用并不等同，各项社会指标的地位和作用也并不等同。经济合作与发展组织（OECD）的社会指标体系就是使用这种方式建立的。

（3）以某种理论为基础建立的社会指标体系

这是非官方建立社会指标体系的基本方式。一些学者根据某种理论或假设，提出一套指标体系，并用理论来说明这些指标。"生命周期指标体系"就是根据这种方式建立的社会指标体系。

### 2. 国外社会指标体系简介

（1）联合国社会指标体系

联合国社会发展研究所提出的社会指标体系侧重对发展问题的研究，共包括12个方面的内容：①人口；②家族形成、家族、家庭；③学习及教育事业；④有收益的活动及无收益的活动；⑤收入、消费、积蓄的分配；⑥社会保障及福利事业；⑦健康、保健与营养；⑧住宅及居住环境；⑨公共秩序与安全；⑩时间的使用；⑪业余时间及文化活动；⑫社会阶层及流动情况。

（2）OECD 社会指标体系

OECD 在 1980 年推出了一套包括 15 个大类、33 个小类的社会指标体系。1998 年，OECD 又推出了一套由社会背景指标、社会状况指标和社会反应指标组成的新的社会指标体系。社会背景指标指政策制定的社会背景，这些变量对社会政策的制定至关重要；社会状况指标描述的是采取的政策行动所针对的社会现状；社会反应指标表明推动社会目标实现的社会行动，它指出社会正在做什么，什么东西在影响社会状况。

## 二、社会发展综合评价指数

社会发展综合评价指数在二十世纪七八十年代受到广泛重视，社会学家、经济学家、统计学家编制并公布了多种社会发展综合评价指数。

### （一）ASHA 指数

ASHA 是美国社会卫生组织（American Social Health Association）的缩写，ASHA 指数是由该组织提出的一种综合评价指标，用来衡量一个国家特别是发展中国家满足基本需求发展战略的成果。

ASHA 指数是根据就业率、识字率、平均预期寿命、人均国民生产总值增长率、人口出生率、婴儿死亡率六个指标综合计算出来的。

ASHA 指数仅用六个指标来反映一国社会经济发展状况，简明扼要、易懂易算，并且这六个指标都能从常规年度统计资料中获得，也便于国际的比较和分析。

### （二）物质生活质量指数（PQLI）

物质生活质量指数（Physical Quality of Life Index，PQLI）是 1975 年在大卫－摩里斯博士的指导下，由美国海外发展委员会（Overseas Development Council）提出的，其目的是衡量一个国家人民的营养、卫生保健、国民教育等生活质量方面的总水平。

PQLI 是一个综合指数，由婴儿死亡率指数、一岁预期寿命指数、识字率指数构成。PQLI 的值在 0 到 100 之间，0 表示生活水平最低，100 表示生活水平最高。数值越高说明生活质量越高。

PQLI 计算方法简单，易于理解，但也存在局限性：第一，PQLI 仅选用三个指标，不能反映一个国家生活质量的全部内容，因为生活质量的内容是广泛的，除了健康、教育之外，还包括安全、公平、自由、人权、就业、幸福感等多个方面，因此，并不能断定 PQLI 高的国家其境况就一定好于 PQLI 低的国家。第二，PQLI 只是测度了一个国家社会发展的结果，而未能反映出发展的过程，因而，它只是一个"宏观的"指数，不能反映出具体发展计划或政策的过程及其成就。第三，PQLI 在计算方法上采用简单算术平均，将每个指标对发展的作用视为相同，缺乏一定的理论依据。

总之，PQLI 所关心的是发展政策能否成功地满足贫困国家人民的基本需要这一问题，并不力图测度所有的"发展"。因而被冠以"物质"生活质量指数这一名称，并不是一个全面的发展指标。

### （三）人类发展指数（HDI）

人类发展指数的设立遵循了以下几个原则：①能测量人类发展的基本内涵；②只包括有限的变量以便于计算并易于管理；③是一个综合指数而不是过多的独立指标；④既包括经济又包括社会选择；⑤保持指数范围和理论的灵活性；⑥有充分可信的数据来源保证。

人类发展指数的计算方法经历了多次变动。目前，《人类发展报告》中发布的人类发展指数是包含四个指标的综合指数。人类发展指数反映了人类发展的三个基本方面：健康长寿的生活、知识和体面的生活水平。健康长寿的生活用出生时的预期寿命来衡量；知识用平均受教育年限和预期受教育年限来衡量；体面的生活水平用购买平价（PPP）换算的人均国民总收入（GNI）来衡量。其中，预期受教育年限是指在目前入学率保持不变的情况下，一名学龄儿童预计将接受教育的年限。

人类发展指数的计算方法是，先设定各个指标的最大值与最小值，将各个指标进行无量纲化处理，分别计算预期寿命指数、教育指数和 GNI 指数，再将三个单项指数进行简单几何平均即得到 HDI。

### （四）社会进步指数（ISP）

社会进步指数是评价社会发展的一个有效工具，它不仅可以用于不同国家或地区社会发展水平的横向比较，也可以用于同一个国家不同时期社会发展水平的纵向比较。与物质生活质量指数相比，社会进步指数在社会经济领域及指标的选择上更加广泛，能比较全面地反映一个国家的社会进步状况。

社会进步指数也存在局限性。第一，在发展领域及发展指标的选择上，未作出详细的理论说明。例如，为什么选择这些领域作为评价社会进步的依据？这些领域是否包括了社会发展的所有方面？这些领域及相应的指标是否适用于对所有国家社会发展水平的比较？第二，在各领域指标的选择上也极不平衡。例如，国防领域仅选择了军费支出占 GNP 的比重一个指标，而人口领域则选择了六个指标，这将影响加权指数中权数构造的准确性。第三，在领域及指标的选择上，忽略了一些重要的社会发展领域，如缺乏反映社会秩序与安全、闲暇时间的利用以及反映财富分配方面的指标。

### （五）真实进步指数（GPI）

真实进步指数（Genuine Progress Index，GPI）是由 Cobb、Halstead 和 Rowe 等人在 1995 年提出的。真实进步指数是基于人们不是生活在一个经济体系而是社会体系，以及社会体系本身植根于自然环境的认识上。

真实进步指数囊括了 GDP 所忽视的经济生活的二十多个方面，力图更接近经济和社会发展的本来面目。例如，GDP 把用于因犯罪、自然灾害、家庭解体等造成社会无序和发展倒退的"支出"均视为社会财富，真实进步指数则把这些作为福利的减项；GDP 中包含了因为环境污染带来的清洁支出，真实进步指数则作了扣除处理；GDP 只考虑了给定年份的支出流，真实进步指数则考虑了自然和社会资本的耗竭，因而能反映现行经济活动模式是否持续；真实进步指数还计算了经济活动中消耗的服务以及产品价值，不管这些服务和产品能否用货币表示。概括而言，真实进步指数中有三项是作为扣除项处理的，即防御支出（补充过去的成本）、社会成本、环境资产和自然资源的消耗。

由于计算的加项与减项并不相同，真实进步指数与 GDP 的计算结果也存在着差异。

真实进步指数的优点是对 GDP 中忽略的二十多个经济方面的因素进行了估计，并把市场和非市场活动的价值都包含在一个简明的、综合的框架中。真实进步指数的局限性在于，非市场货物和服务很难测算，需要一个修正的核算体系，而在确定真实进步指数中某一因素对 GDP 的调整方向时，究竟是正是负往往比较主观。此外，影响因素本身也有待进一步讨论。

### （六）美好生活指数

美好生活指数的构成要素分为三个部分：一是物质生活条件，也就是经济幸福，决定了人们的消费能力和资源需求；二是生活质量，是一套非货币的特性，这些特性在不同的文化背景下体现为一定的内在价值，影响一个人的机会获得；三是经济、社会、自然系统的可持续性，需要考虑自然资本、经济资本、人力资本及社会资本四个领域，但由于还缺少衡量这些因素的指标，现在发布的指数中并未包含这方面的内容。

OECD的美好生活指数包含11个方面的内容，分别是：

①居住条件（Housing）。居住为不可或缺的要件，不只满足遮风避雨的基本需求，亦提供个人安全感、隐私及私人空间。

②收入与财富（Income and Wealth）。可呈现民众当前及未来消费的能力。

③工作与薪金（Jobs and Earnings）。工作不仅有物质上的利益，增加对资源的掌握，亦提供个人施展抱负、自我肯定及发展技能的机会。

④社会关系（Social Connections）。社会关系是人类的基本需求，亦有助于满足其他重要目标，例如求职等。

⑤教育与技能（Education and Skills）。教育为个人及整体社会提升生活水平的最大资产。

⑥环境质量（Environmental Quality）。环境质量与民众健康及从事休闲等各种活动息息相关，进而影响对生活质量的感受。

⑦公民参与及政府治理（Civic Engagement and Governance）。公民参与使民众对所处的社会与生活有更多的控制力，政府治理质量则攸关民众对政府的信赖。

⑧健康状况（Health Status）。拥有健康的身体才能从事其他与福利有关的活动。

⑨主观福利（Subjective Well－being）。透过主观自评的方式，了解民众对自己整体生活的感受，可与客观性的衡量指数相辅相成，勾勒福利的全貌。

⑩个人安全（Personal Security）。生活在安全的环境中是福利的基础。

⑪工作与生活的平衡（Work－life Balance）。现代人工作忙碌，往往因而压缩了陪伴家人、社会参与及发展个人兴趣的时间，若能兼顾工作与生活，有助于保持身心健康及工作的高效率。

在计算美好生活指数时，OECD首先将各个指标经无量纲化处理后转换为分数，各领域下指标的分数经简单平均后得到各领域的分数，再将各领域的分数加权平均后得到各国的美好生活指数。由于美好生活指数的计算结果和排名受权数设定的影响，所以 OECD 并不公布正式的排名，但媒体通常直接引用其网页上提供的等权数结果。

美好生活指数衡量的焦点在于个人及家庭，而不只是关注总体经济；着重福利成果（Outcomes）而不仅是投入（Inputs）或产出（Outputs）指标；主观与客观兼顾，既强调考察个人的客观生活状况，也重视测评个人的主观感受；除了平均值之外，也关注不同性别、社会经济地位、年龄等群体的福利状况。

# 参考文献

[1] 何承文，张天舒. 应用统计学 [M]. 上海：立信会计出版社，2022.

[2] 朱彬，薛文娟. 统计学及其应用基于 R 软件 [M]. 北京：机械工业出版社，2022.

[3] 张海凤，舒春光，晋新焕. 统计学原理及应用研究 [M]. 北京：中国华侨出版社，2022.

[4] 狄建红，姬忠莉. 统计学基础及应用 微课版第 4 版 [M]. 北京：人民邮电出版社，2022.

[5] 季丽，黄爱玲. 统计学原理与 SPSS 应用 [M]. 上海：立信会计出版社，2021.

[6] 陶亚慧，闫晓娟. 大数据时代背景下应用统计学的运用与创新 [M]. 长春：吉林人民出版社，2020.

[7] 沈殿示. 应用统计学 [M]. 沈阳：辽宁教育出版社，2020.

[8] 唐志锋，何娜，林江珠. 应用统计学 [M]. 武汉：华中科技大学出版社，2018.

[9] 张小山. 社会统计学与 SPSS 应用 [M]. 武汉：华中科技大学出版社，2018.

[10] 葛新权. 统计学分析与应用 [M]. 北京：经济科学出版社，2018.

[11] 吴振荣. 统计学 [M]. 北京：北京理工大学出版社，2020.

[12] 孟娜，张帆，衣明义. 统计学 [M]. 成都：电子科技大学出版社，2019.

[13] 李贺，相飞，王晓佳. 统计学 [M]. 上海：上海财经大学出版社，2019.

[14] 王振成. 统计学 [M]. 重庆：重庆大学出版社，2019.

[15] 李建华，刘洋. 统计学 [M]. 北京：中国商务出版社，2018.

［16］岳云华. 旅游统计学［M］. 北京：北京理工大学出版社，2017.

［17］刘新奎. 医院统计与 DRG 应用［M］. 郑州：河南科学技术出版社，2021.

［18］卢小君. 社会调查与统计分析［M］. 北京：科学出版社，2022.

［19］户艳领. 社会经济问题统计调查方法［M］. 北京：科学出版社，2022.

［20］肖丹桂，郑敏华，毛莹. 统计学案例分析［M］. 武汉：武汉大学出版社，2022.

［21］田立新，严从华，刘国祥. 金融统计教学改革［M］. 南京：南京师范大学出版社，2018.

［22］阮健弘. 金融统计创新与发展［M］. 北京：中国金融出版社，2018.

［23］刘红梅，王克强，邓俊锋. 金融统计学［M］. 上海：上海财经大学出版社，2017.

［24］任海军. 统计学的应用与管理［J］. 经济管理（全文版），2018（4）：259.

［25］芦杉. 关于对统计学应用的思考［J］. 商业故事，2018（9）：15.

［26］胡秀青. 统计学应用能力培养的探索与实践［J］. 经济管理（全文版），2017（1）：85.

［27］高跃文. 论经济和管理中统计学的应用［J］. 现代经济信息，2017（28）：65.

［28］魏秀娟. 事业单位统计工作浅议［J］. 合作经济与科技，2020（3）：136－137.

［29］王秀英. 事业单位统计工作的作用及实施措施［J］. 经济与社会发展研究，2021（13）：283.

［30］张慧霞. 加强基层事业单位统计工作的建议［J］. IT 经理世界，2021（12）：137－138.